KB268365

표현만
바꿔도
인생이
풀린다

표현만 바꿔도 인생이 풀린다

행복으로 가는 인간관계의 선순환 법칙

초 판 1쇄 2026년 02월 27일

지은이 최호용
펴낸이 류종렬

펴낸곳 미다스북스
본부장 임종익
편집장 이다경, 김가영
디자인 윤가희, 임인영, 윤영빈
책임진행 안채원, 이예나, 김은진, 국소리, 송가희, 이지영

등록 2001년 3월 21일 제2001-000040호
주소 서울시 마포구 양화로 133 서교타워 711호, 808호
전화 02) 322-7802~3
팩스 02) 6007-1845
블로그 http://blog.naver.com/midasbooks
전자주소 midasbooks@hanmail.net
페이스북 https://www.facebook.com/midasbooks425
인스타그램 https://www.instagram.com/midasbooks

ⓒ 최호용, 미다스북스 2026, *Printed in Korea.*

ISBN 979-11-7355-731-6 03190

값 19,000원

미다스북스는 다음세대에게 필요한 지혜와 교양을 생각합니다.

행복으로 가는
인간관계의 선순환 법칙

표현만 바꿔도 인생이 풀린다

최호용 지음

미다스북스

표현만 바꿔도
인생이 풀린다

사람 사이가 가장 어렵다고 느껴지는 건, 아마 나이가 들수록 더 실감하는 일이다. 어릴 땐 웃고 떠들기만 해도 친구가 되었다. 좋고 싫음이 분명했기에 오해가 생겨도 빨리 풀렸다. 그러나 성인이 되고부터는 다르다. 감정 하나, 말 한마디도 조심스럽고, 가까운 관계일수록 더 어렵고 불편하다. 가족, 배우자, 직장 동료, 오랜 친구 사이에서도 허심탄회한 대화가 쉽지 않다.

이 책은 그런 사람을 위해 쓰였다. 사람은 좋아하지만, 관계는 힘들고, 말은 하고 싶지만 어떻게 해야 할지 몰라 망설였던 사람을 위해, 그리고 누군가와의 관계에서 상처받은 기억 때문에 더 표현하고 싶지 않은 사람들을 위해 썼다. 살다 보면 누구나 이런 순간을 겪는다.

'이런 말 해도 될까?'

'괜히 오해받지 않을까?'

'굳이 말하는 것보다 그냥 참고 넘기는 게 나을지도 몰라.'

이런 고민 끝에 결국 아무 말도 하지 않게 되고, 그렇게 서로의 사이에는 조금씩 거리가 생긴다. 표현은 줄어들고, 침묵이 길어지며, 관계는 메말라 간다. 상대가 나를 몰라줘서가 아니라, 내가 표현하지 않았기 때문일지도 모른다는 걸 우리는 너무 늦게 깨닫는다.

내가 그래 봤기 때문에 안다. 강연장에서 수많은 사람 앞에서는 막힘없이 말하면서도, 정작 가까운 가족이나 친구에게는 표현을 망설인다. 마음이 없어서가 아니다. 오히려 마음이 너무 깊어서 더 조심스러웠고, 혹여나 그 마음이 잘못 전달될까 봐 조심스러웠다. 그렇게 표현하지 못한 마음은 결국 오해가 되고, 거리감이 되고, 어떤 때는 멀어질 때도 있었다. 우리는 모두 주변 사람들과 잘 지내기를 원한다. 사랑받고 싶고, 인정받고 싶고, 이해받고 싶어 한다. 그런데 그 마음을 전달하지 않고는, 그 바람은 이루어지지 않는다. 관계의 시작도, 회복도, 성숙도 결국은 표현하는 데서 시작된다.

표현이란, 마음을 담은 행동이다. 사랑한다는 말, 고맙다는 말, 미안하다는 말 한마디, 이 모든 말이 표현이다. 말뿐 아니라 표정, 눈빛, 손길, 태도, 기다리는 마음 모두가 표현이다. 표현이 바뀌면 관계가 바뀌고, 관계가 바뀌면 인생이 달라진다.

이 책은 인간관계를 어렵게 느끼는 당신이 조금은 편안한 마음으로 사람을 대할 수 있도록 돕기 위해 쓰였다. 억지로 밝은 사람이 되라는 말이 아니다. 무조건 솔직해지라는 말도 하지 않는다. 다만 지금보다 조금 더 나를 표현하고, 조금 더 용기 내어 다가가는 법을 함께 나누려 한다. 아주 작은 변화부터 시작해 보면 어떨까? 늘 무뚝뚝했던 부모님께 "밥 맛있게 먹었어요."라고 한마디 더 하기, 친구의 메시지를 그냥 읽음으로 넘기지 않고, 고맙다고 답장하기, 동료에게 수고 많았다고 말해주기, 배우자의 말에 한 박자 더 귀 기울이기, 말하기가 쑥스러우면 "아!", "와!", "오!"라고 반응해 주기.

이런 사소해 보이는 표현들이 모여 관계를 살리고, 사람과 사람 사이의 온기를 되찾게 해준다. 우리는 그리 멀리 떨어져 있지 않다. 그런데도 내 옆에 있는 누군가를 느끼지 못하는 것은 다만 표현하지 않았기 때문이다. 말이 넘쳐나는 시대지만, 정작 마음을 표현하는 사람은 드물다. 댓글은 많고, 대화는 적은 시대. 무엇을 좋아하는지는 보여주지만, 어떤 마음을 품고 사는지는 나누지 않는 시대. 이런 시대일수록, 진심을 담은 표현을 전하는 것은 너무나 중요하다. 그럴 때 소통은 더 큰 힘을 발휘한다. 내가 누군가에게 전하는 진심 어린 속마음, 그 한마디가 힘이 되고, 살아갈 이유가 되기도 한다.

이 책의 각 장에는 표현하지 않아 멀어진 관계, 말 한마디로 풀어진 오해, 그리고 진심을 담은 표현으로 다시 이어진 인연들에 관한 이야기가 담겨 있다. 나의 경험과 강연장에서 만난 수많은 분의 사례를 통해, 독자 여러분도 자신의 관계를 돌아보고, 나의 표현 습관을 점검하는 시간이 되기를 바란다.

'좋은 사람'이 되는 것보다 '진심을 표현하는 사람'이 되는 것이 더 중요하다. '상처 주지 않는 사람'보다 '마음을 건네는 용기를 낼 수 있는 사람'이 더 따뜻한 사람이다. 그리고 결국 그런 사람이 더 많은 소중한 관계를 맺으며 살아가게 된다. 표현이 바뀌면 소통이 열린다. 그 첫걸음을, 지금, 이 책과 함께 내디뎌 보기 바란다. 당신의 삶이 더 따뜻해지고, 당신의 관계가 더 견고해지기를 진심으로 바라는 마음이다.

차례

PART 1

왜 우리는
말 앞에서
멈추게 되었을까

01

침묵이 예의라고 배워온 사람들

침묵은 때로 금이지만, 진실을 말해야 할 때의 침묵은 거짓이다.

– 알베르 카뮈 (Albert Camus)

도움과 침범의 경계

진로 캠프 수업에 사용할 유인물 프린트 작업은 해도 해도 끝이 없다. 어젯밤 늦게까지 했지만 끝내지 못했다. 마무리하기 위해 토요일인데도 교육업체 사무실에 나왔다. 내 몫으로 준비할 일만 해도 책상 위에 수북하다. 후배인 김 강사도 먼저 나와 있다. 외투를 벗어 의자에 걸치고 있는데 후배가 말을 걸었다. "선배, 강의 교안 프린트 좀 부탁해요." 강의 교안 프린트 제작물 챙기는 일을 지난주 내내 도와주었더니, 오늘도 당연한 듯 말했다. 휴일인데도 쉬지 못하고 일부러 나온 줄 알면서도 저러는가 싶어 한마디 했다. "내 일거리 쌓인 거 보고도 그런 말이 나와? 사람이 염치가 있어야지." 웃는 얼굴로 말했지만, 말속에

뼈가 있다는 걸 눈치챘는지 후배는 놀란 토끼 눈을 하며 프린트물을 챙기다 말고 나를 빤히 바라봤다. 갑자기 왜 그러는 거지? 하는 표정이다. 그만큼 도와주었으면 이번에는 나를 도와줘도 시원찮을 판에, 아예 대놓고 부탁하다니, 나를 만만하게 보고 그러는 것 같은 생각이 들어 미간이 찌푸려졌다.

"자기가 할 일을 왜 매번 나한테 미뤄? 나도 지금 바쁜 거 알잖아!"라고 했더니 오히려 당황스럽다는 말투로 "아니, 지금까지 잘해주시더니 왜 갑자기?"라고 하면서 말끝을 흐렸다. 어이가 없었다. 지금까지 잘해줬던 게 오히려 내가 스스로 족쇄를 찬 꼴이 됐다 싶어 인상을 쓰면서 입맛을 다셨다. 내가 단호하게 거절하지 않았던 건, 인간적으로 호의를 베푼 거지, 아예 대놓고 떠맡기라고 한 건 아니었는데, 나를 쉽게 생각하는 것 같아 아랫입술을 지그시 깨물었다. 그리고, 내가 단호하게 거절하면 미안해할 줄 알았는데, 오히려 잘해주던 일을 거부한다는 식으로 몰아붙이니 기가 막혔다.

사람들은 흔히, '말 안 해도 알겠지. 좋은 게 좋은 거지.' 하며 해야 할 말을 하지 않는다. 하지만, 그런 침묵은 미덕이 아니라 독이 될 때가 더 많다. 상대방에게 내 속마음을 정확하게 말해야 한다. 말하지 않으면 편한 대로 생각해 버리는 경우가 허다하다. 잠시 머뭇거리던 후배가 천천히 말을 이었다. "선배, 그럼 언제부터 싫었는데도 말씀을 안 하신 거예요?" 말이 났으니, 이참에 분명히 해두자, 싶었다. "싫었다고 하기보다, 자네가 너무 당연하게 여기는 거 같아서 싫었어. 내가 딱 부러지게 거절하지 않았다고 동의한 건 아니잖아?"

인간관계에서 주의해야 할 것 중 하나가 익숙해진 당연함이다. 호의가 지나치면 권리로 착각한다는 말이 있다. 그리고 무례하게 당연한 것처럼 의지하는 것도 문제지만, 처음부터 분명하게 의사를 표현하지 않은 나의 잘못도 있다. 침묵이 항상 나쁜 것만은 아니다. 때로는 황금보다 귀할 때도 있다. 그러나 침묵하지 말아야 할 때 침묵하는 것이 문제다. 그런 침묵은 결국 마음과 관계의 문제로 남는다. 거절하는 말을 꺼내는 건 어렵다. 누군가를 거절하거나, 오해를 감수하면서까지 자기 생각을 말하기는 쉽지 않다. 하지만 참는 것도 한계가 있다. 쌓인 마음은 언젠가 터진다. 호의를 베풀 땐 기준이 있어야 한다. 그 기준은 단호함이 아니라 자기 존중감이다. 자신을 지키는 사람만이 타인을 제대로 도울 수 있다. 침묵이 미덕이 되기 위해서는, 그 안에 분명한 의도가 있어야 한다. 무조건 참는 것도 미덕이 아니다. 할 말을 할 줄 아는 사람만이, 진짜 공감하고 배려할 줄 안다. 지금 당신의 침묵은 미덕인가?

아버지란 이름으로 살기란 쉽지 않다. 늘 강해야 하고, 내색하지 말아야 하고, 특히 눈물을 보이면 절대로 안 된다고 한다. 대부분 아버지는 그렇게 살았다. 하지만 나는 달랐다. 나도 사람인데 왜 힘들다고 말하면 안 되는 거지? 그런 생각이 들었다.

길을 잃은 것이 아니라, 길을 찾던 시기

내 딸 미정이가 고등학교에 입학했을 때의 일이다. 허구한 날 친구들과 어울려 다녔다. 딸의 친구들이 우리 집에서 잠을 자는 날에는 부모님과 전화해서 허락받았다. 딸이 친구 집에서 잔다고 하면, 그 집 부모를 통해 확인해야 가능했다. 나는 딸이 말없이 외박하면 큰일이라도 나는 줄 알았다. 밤새워 기다렸다. 딸이 집에 들어오면 '어디서 잤느냐? 누구랑 있었느냐?' 숨돌릴 틈도 없이 다그쳤다. 하루는 밤 12시 되어서 들어오길래 내 입에서 불을 뿜었다. "지금 시간이 몇 시냐? 너 같은 자식은 필요 없어, 당장 나가!" 말이 채 끝나기도 전에 "네." 하고 벗었던 신발을 도로 신고 나가는 아이를 불러 세웠다.

"어디 가냐?"

"나가라면서요."

"일찍 들어오라는 말은 안 들으면서, 나가라는 말은 그렇게 잘 듣냐?"

"나가도 뭐라 하고, 들어와도 뭐라 하고. …뭐 어쩌라고!"

딸은 눈을 내리깔고, 아랫입술을 오리주둥이처럼 내밀며 볼멘소리를 했다. "미안해요."라고 할 줄 알았다. 그 꼴을 보고 있자니 속에 천불이 났다. 저게 정말 내가 낳은 자식이 맞나 싶었다. 나도 친절한 아버지가 되고 싶었다. '엄마 없는 티' 난다는 소리 안 듣게 하려고 마음 졸이다 보니, 잔소리만 늘었다. 아빠도 엄마도 아닌 시쳇말로 '엄빠'가

되어있었다. 딸과 대화할 때는 마대에 낙엽을 밟아 쑤셔 넣듯이 속을 억눌렀다. 참다못해 이대로는 안 되겠다 싶었다. 거실에서 딸과 마주 앉았다. 나는 두 손으로 딸의 손을 잡고 눈을 바라보며 말했다.

"미정아, 나 지금 너무 힘들다. 네가 알다시피 내가 딸을 처음 키운다. 이럴 때 어떻게 해야 하는지 솔직히 모르겠다. 네가 날 좀 도와주면 안 되겠냐? 너도 힘들잖아, 방황하는 거. 그거 멈추면 안 돼?"

"아버지. 저 대학 가는 것도, 집에 일찍 들어와야 하는 것도, 아버지 말씀 잘 들어야 하는 것도 알아요. 그런데 지금은 놀고 싶어요. 조금만 기다려 주세요. 저, 안 비뚤어져요. 믿어주세요."

그 말을 듣는 순간 가슴을 짓누르던 무언가가 떨어져 나가는 것 같았다. 그렇게 말해주니 고마웠다. 어쩌면 그렇게 말해주길 기다리고 있었는지도 모르겠다. 내 아이를 믿고 기다려도 되겠다는 생각이 들었다. 그 일이 있고 난 뒤로, 무조건 신뢰하고 기다려 주기로 마음먹었다. 솔직히 말하면 달리 방법이 없었다. 권위를 내려놓고 대화해 보니, 아이들의 생각이 나보다 못하지 않았다. 굳이 눈높이를 낮추지 않아도 소통이 되고도 남는다는 걸 알았다. 어른이라면 참아야 한다고 생각했다. 그런 착각이 아이들과 거리감이 되었다. 때로는 그것이 무관심으로 해석되기도 했다. 아이들과 진짜 마음을 나누고 싶다면, 솔직해야 한다. 아이들은 말해주는 사람 옆에서 자신의 감정과 생각을 표현하는 방법을 배운다.

　아이들을 향한 나의 언어는 침묵이 아닌 용기 있는 표현이었다. 대화와 소통의 궁극적인 목적은 자기 생각과 감정을 정확하게 전달하는 데 있다. 그러기 위해서는 분명하고 구체적으로 말해야 한다. 정확한 표현은 나 자신을 위하기도 하지만, 상대를 위한 배려가 되기도 한다. **'말 안 해도 알겠지.' 하는 추측이나 바람은 눈곱만큼도 가지지 말아야 한다. 침묵이 결코 미덕만은 아니다.**

오늘의 표현 점검

아이들 앞에서 권위를 내려놓고 진솔한 마음으로 약함을 드러내 본 경험이 있으신가요?

02

우리는 표현하는 법을
배우지 못했다

생각을 말할 자유가 없는 곳에서는 생각하는 자유도 사라진다.

― 조지 오웰 (George Orwell)

어린 시절에는 어른들 앞에서 말하다가 혼이 날 때가 많았다. '그런 말 하는 거 아니다, 애들이 못 하는 소리가 없어, 입 다물고 공부나 해라.' 그때는 진짜로 아이들이 하는 말, 어른들이 하는 말이 따로 있는 줄 알았다. 질문하거나 감정 표현할 때도 무시한다는 생각이 들어서 조심스러웠다. 감정을 솔직하게 드러내는 일은 성장해서도 쉽지 않았다. '남자가 그것도 못 해?', '남자가 울어?', '참는 사람이 이기는 거다.' 힘든 감정을 표현하면 약하다고 했다. 남자는 무조건 참아야 남자다운 거라고 몰아붙였다.

목소리가 작아지던 교실

초등학교 때 동요 낭독 시간이었다. 앞사람이 한 구절을 읽고 앉으면, 뒷사람이 일어서서 다음 구절을 읽게 했다. 그날은 〈구슬비〉라는 동요였다. 나는 신났다. 왜냐하면, 가장 좋아하는 동요이기 때문이다. 눈을 감고도 외울 수 있었다. '송알송알 싸리잎에 은구슬, 조롱조롱 거미줄에 옥구슬'로 시작하는 동요다. 앞자리에 앉은 친구가 읽을 때, 내 순서가 되기를 기다리며 속으로, '나는 누구보다 잘할 수 있어.'라고 생각했다. 내 순서가 되자, 나는 벌떡 일어나 큰 소리로 읽었다. "대롱대롱 풀잎마다 총총…." 순간, "까르르" 교실이 떠나가도록 아이들이 웃었다. 나는 눈이 휘둥그레졌다. 여기저기서 한마디씩 했다. "야, 최호용, 아예 노래를 불러라 노래를 불러." 나는 그제야 아이들이 웃는 이유를 알 것 같았다. 평소에 즐겨 부르던 동요라 운율이 입에 익어 저절로 노래하듯이 리듬을 타며 읽었기 때문이다. 나는 속으로 "노래처럼 읽으면 어때서…."라고 말했다.

문제는 그때부터였다. 선생님께서 "다시!"라고 하셨다. 나는 다시 읽었다. "방긋 웃는 꽃잎마다…." 이번에는 아이들이 더 크게 웃었다. 나는 얼굴이 화끈거렸다. 순간 몸이 붕 뜨는 거 같았다. 아이들과 선생님, 칠판과 교실이 아주 쪼끄마하게 보였다. 현기증이 나서 휘청거렸다. 아이들이 또 수군거렸다. 어떤 아이는 책상을 두드리며 큰 소리로 소리쳤다. "와, 어이가 없다." 또, 다른 아이는 정말로 그렇게 되나 싶어, 따라 읽어 보기도 했다. 그때, 선생님께서 됐다고, 그만 앉으라고 할 줄 알았는데, "노래하듯이 읽지 말고, 책 읽듯이, 처음부터 다시 해 봐."라고 하셨다. 나는 속이 상했다. 가뜩이나 안 되는데, 나더러 처음부터 끝까지 읽으라고? 나는 그만두고 싶었지만 감히 선생님께 그런 말을 할 용기가 나지 않았다. 나는 다시 처음부터 읽었다. "송알송알 싸리잎에…." 시작하자마자, 또 웃음보가 터졌다. 머리를 숙인 채로 눈을 치켜뜨고 올려다보니 이번에는 선생님도 책으로 입을 가린 채 쿡쿡 웃고 계셨다. 우리 반의 말썽꾸러기 동학과 훈이는 책을 집어 던지며 웃었다. 그걸 보고도 선생님은 말리지 않으셨다. 그때, 또 들리는 선생님의 목소리는 마치, 머릿속에서 울리는 종소리 같았다. "다시 한번 읽어 봐." 나는 책을 내던지고 싶었다. 너무 분했다. 울음이 목까지 차올랐지만, 그렇게 하면 내가 지는 거 같아서 끝까지 참았다.

그날 학교를 파하고 집으로 가면서, 시내를 건너는 다리 위에 걸터앉아 한참 있었다. 선생님이 미웠다. 같은 반 아이들이 참 나쁜 놈들이라고 생각했다. 그날 저녁, 엄마는 왜 그렇게 밥을 못 먹느냐고 하셨지만, 학교에서 있었던 일을 차마 말할 수 없었다. 학교에서는 나뿐만 아니라 누군가의 실수는 조롱거리로 변했다. 달리기하다가 넘어지면 아이들은 배를 잡고 웃어댔다. 선생님의 질문에 틀리면 선생님은 그것도 모르냐며 아이들 앞에서 망신 주기 일쑤였다. 심지어 앞에 불려 나가 엎드려뻗쳐 시켜놓고 때리기도 했다. 시험 성적이 잘 나와야 똑똑

하고 훌륭한 모범생으로 인정받았다. 말하지 않고 조용히 있으면 점잖
다, 착하다, 조용하다고 했다. 아는 것을 말하면, 나댄다, 설친다, 심지
어 잘난 척한다고 무시했다.

상황이 이렇다 보니 발표 시간에도 웬만해서는 손을 들지 않았다.
말하지 말자, 나서지 말자, 가만히 있으면 2등이라도 한다는 식이다.

마음을 드러내는 용기

나뿐만이 아니라, 다들 이런 경험을 한 적이 많을 것이다. 우리네 현
실은 어른이 되어서도 다르지 않다. 자기소개 하나 변변하게 하기가
힘들다. 취업이나 면접을 앞두고 스피치 학원에서 말하는 훈련을 해야
할 정도다. 성인이 되어서 말하기를 배우러 학원에 다닌다니, 정말 아
이러니하다. 그러니 사회생활이 온전할 리가 없다. 직장인을 대상으로
한, 어느 설문 조사에서 회의나 발표가 싫어서 회사를 그만두고 싶은
사람이 60%가 넘는다는 조사 결과를 본 적이 있다. 사회는 개인의 기
량을 펼치는 무대다. 현실은 다르다. 감정도, 의견도 솔직히 드러내면
예민한 사람이 된다. 반론을 제기하면 까칠한 사람 취급받는다. SNS에
솔직한 심정을 올리면 악성 댓글이 달리기도 한다. 불이익을 면하려고
웃는 척, 모른 척, 그저 좋은 게 좋다는 식으로 하다 보면, 개인의 생각
이 희석되어 버린다. 직장에서 부당한 대우를 받고 스트레스를 호소하
는 직원에게 감정 섞지 말아라, 프로답지 못하다는 반응이 돌아올 때
가 많다고 한다. 감정 표현을 제대로 하지 못하는 직장인은 무표정하

고 무감정한 기계 같은 인간이 되기를 강요받는 느낌이다.

이처럼 가정, 학교, 사회 모두가 표현을 막았다. 사회적 소수자는 '조용히 살아라.', '왜 튀냐?'라는 식으로 비난받기도 한다. 표현은 인간의 기본 권리다. 그 권리를 스스로 포기하거나 억압당한 채 살면 안 된다. 나는 한 번씩, 우리는 어쩌면 표현 금지 구역에서 사는 게 아닌가? 싶을 때도 있다. 표현은 인간의 본능이다. 말하고 싶고, 이해받고 싶고, 공감받고 싶은 마음은 자연스러운 현상이다. 표현은 관계를 연결하고, 자신을 성장시킨다. 말하지 않으면 통하지 않고, 표현하지 않으면 발전도 없다. 표현은 권리다. 아이나 어른이나 각자의 방식으로 생각을 드러낼 권리가 있다. 우리는 서로의 표현을 보고 듣고 기다려 주고 존중해 줄 책임이 있다.

가정은 아이의 첫 번째 무대다. 거기서부터 아이의 말에 귀 기울여야 한다. 학교는 질문과 토론이 살아 있는 공간이어야 한다. 실수해도 괜찮고, 다르게 말해도 괜찮다. 나의 어린 시절처럼, 동요 한 번 잘못 읽었다가, 가장 좋아하는 동요를 가장 싫어하는 동요가 되게 하는 일은 정말 없어야 한다. 어릴 때부터 타인의 실수를 응원해 주고, 다름을 인정하는 철학을 가르쳐야 한다. 사회는 감정을 숨기지 않아도 괜찮게끔, 서로를 인정해 주고 공감해 주는 공간이 되어야 한다.

세상의 모든 것은 드러나기 위해 존재한다. 돌덩이 하나, 풀 한 포기, 나무 한 그루, 꽃 한 송이까지 각자의 자리에서 제 몫을 해야 한다. 표현하지 않는 것은 살아 있는 것이 아니다. 말은 표현이며, 곧 존재를 증명하는 것이다. **우리는 말 못 하는 사람, 표현을 못 하는 사람으로 살면 안 된다.** 마음을 닫는 시대에서 이제는 마음을 여는 사람이 되어야 한다. 가정도, 학교도, 사회도 표현을 막는 곳이 아닌 표현을 꽃피우는 세상이 되어야 한다.

세상은 점점 더 많은 말로 넘쳐나지만, 진짜 마음은 여전히 쉽게 표현되지도, 전해지지도 않는다. 어떤 사람은 너무 조심스럽고, 또 누군가는 너무 무심하다. 그래서 우리는 오해하고, 멀어지고, 상처받는 게 일상이 되어버렸다. 이제는 달라져야 한다.

표현은 힘 있는 사람만의 권리가 아니다. 말을 잘 못 해도, 말이 적어도, 누구든 자신의 방식대로 마음을 드러낼 수 있어야 한다. 그리고 그 마음이 존중받아야 한다. 모두가 말하고, 모두가 들어주는 세상. 그곳에서 비로소 우리는 진짜 함께 살아간다고 말할 수 있다. 이런 세상이 바로 우리가 모두 원하는 표현하는 세상이다.

오늘의 표현 점검

누군가로부터 내가 할 말을 하지 못했거나, 또 누군가에게 그렇게 했던 경험이 있으신가요?

03

말하지 않는 사랑은
사라진다

표현되지 않은 사랑은 존재하지 않는 사랑과 같다.

– 윌리엄 셰익스피어 (William Shakespeare)

나에겐 세 명의 누나가 있다. 오 남매 중 내가 막내다. 큰누나와는 나이 차이가 크다. 내가 초등학교 들어가기 전부터 누나는 돈을 벌기 위해 도회지로 나갔다. 누나가 한 번씩 시골집에 오는 날은, 허리까지 내려오는 생머리에 반짝이는 구두를 신은 멋쟁이를 볼 수 있었다. 누나가 오는 날은 과자를 먹을 수 있어서 좋았다. 누나는 나를 유난히 예뻐했다. 누나는 올 때마다 빨간색 세발자전거를 사 오겠다고 약속했다. 나는 누나가 오는 날만 기다렸다. 누나가 오는 날은, 빨간색 자전거를 먼저 찾았다. 눈이 빠지도록, 목이 늘어지도록 기다렸지만, 번번이 허탕을 쳤다. 그때마다 누나는 "다음에 올 때는 진짜로 사 오겠다."라고 했다. 그 말을 철석같이 믿었다. 내가 철이 들 때까지 누나는 약속을 지키지 않았다. 누나는 왜 지키지 않을 약속을 했을까? 성인이 되어서 물었더니, 누나는 그런 사실을 기억도 하지 못했다. 그렇게 빨간 세발자전거의 꿈은 빨간 거짓말의 해프닝으로 끝났다. 커서 알게 된 사실이지만, 그때의 누나는 건강이 좋지 않았다. 시골집에는 휴양차 오는 거였다. 세월이 흘러 결혼하고 아이들이 장성할 때까지도 누나는 약을 달고 살았다.

끝내 말하지 못한 고마움

누나는 형편이 어려워 공부를 제대로 하지 못했다. 객지에서 부모님께 안부 편지를 자주 보냈다. 항상 똑같은 말로 시작하는 편지라 지금도 기억한다. '부모님 전 상서, 아버님, 어머님 그간 옥체 일향 만강하시온지'로 시작했다. 커서도 형제들과 만남을 좋아했다. 넉넉지 않은 살림이었지만 받기보다 주는 것을 좋아했다. 누나는 표현을 잘하는 사람이었다. 만나면 손을 잡고, 등을 토닥이며, 눈을 바라보며 반겼다. 누나는 늘 보고 싶다면서 전화도 자주 했다. '잘 있나? 밥은 먹었나? 애들은 잘 크나?' 그리고 꼭 마지막에 덧붙이는 말이 있다. '잘 살아줘서 고맙데이, 사랑한데이.' '고맙다, 사랑한다.'라는 말을 그렇게 많이 하는 사람도 잘 없다. 뭐라도 하나 더 챙겨주고 싶어 했다. 내가 누나의 집에 가는 날은 그냥 보내지 않았다. 반찬이며, 과일이며, 하다못해 먹던 간식까지 챙겨주었다. "누나, 그만 좀 해. 나 이제 그런 거 안 받아." 말은 그렇게 했지만, 싸 준 것을 거절하지 못하고 가방을 들고나

오곤 했다. 가방 속에 찔러 둔 쌈짓돈을 볼 때마다 마음이 짠했다.

그런 누나에게 제대로 한번 고맙다는 말도 하지 못했다. "나도 누나를 사랑해요!" 그 말 한마디가 왜 그리 어려웠을까? 항상 다음에 다음에 하다가 목구멍에서 맴돌던 말은 기어들어 가 버렸다.

그러다 코로나19가 시작됐다. 나라가 어수선했다. 병원은 면회를 금지했다. 그 와중에 누나는 건강이 급격히 나빠져서 입원했다. 심장과 신장이 동시에 안 좋아졌고, 그토록 걱정하던 합병증까지 겹쳤다. 그때 나는 몸도 마음도 위축돼 있었다. 누나가 병원에 있다는 걸 알면서도 면회도 전화도 자주 하지 못했다. 조금만 더 지나면 괜찮아지겠지. 내가 직접 찾아가야지, 미루고 또 미뤘다. 누나는 끝내 회복하지 못했다. 당시 나도 지병으로 고위험군이라, 누나의 장례식에도 갈 수 없었다. 병원에서도 직계 가족 외에 출입을 금했다. 그저 멍한 상태로 집에서 누나의 부고를 들었다. 전화기를 붙잡고, 울지도 못한 채 한동안 멍하니 앉아 있었다. 코로나19가 전염성이 강해서 가족이 사망해도 얼굴도 보지 못하고 장례를 치르기도 했다.

나에게 그토록 따뜻하고 다정했던 사람은 내가 고맙다고 말하기도 전에, 사랑한다고 제대로 표현하기도 전에 떠나고 말았다. "누나 사랑해요, 고마워요, 미안해요." 하지만 이제 그 말은 전할 방법이 없다. 무엇보다 조카들에게 미안했다. 그렇게도 외삼촌에게 잘해주셨던 엄마의 장례식장에도 오지 못한 외삼촌이 되어버렸다. 그 일은 아무리 설명해도 면목이 없다. 나는 나름대로 이유가 있었지만 어쨌든 누나의 장례식에 가지 못한 일은 두고두고 원망스러운 후회로 남았다.

부모님은 여전히 내 안에 살아계신다

표현하지 못한 안타까운 사랑이 있다면, 단연코 부모님을 향한 사랑이다. 살아계실 때 효도해야 한다는 생각을 누구보다 많이 했다. 그런 마음이 들 때, 어머니께 전화를 드렸다.

그때마다 어머니께서는 "무슨 일이고?" 하신다.
"응, 그냥 했어, 엄마!"
"그냥은 무슨… 술 마셨나?"
"술 안 마셨다니까, 그냥 엄마가 보고 싶네. 엄마 사랑해!"
"술 마신 거 맞네, 무슨 일 있나?"
어머니는 계속 술 마시고 마음이 동해서 전화한 줄로만 받아들이신다.

전화를 거는 쪽도, 받는 쪽도, 왜 이렇게 어색할까? 그동안 얼마나 표현을 안 하고 살았나? 싶었다. 돌아가신 후에도 실감이 나지 않았다.

10년이 훌쩍 지났을까? 그제야 불현듯 부모님의 존재가 떠올라 가슴을 후벼팠다. 그럴수록 회한이 밀려왔다. 세상에 그 어떤 일보다, 부모님께 잘했어야 했다. 이렇게 말하면 내가 무척이나 효도했을 것 같지만, 나는 형제 중에서 가장 아픈 손가락이었다. 그래서 더 죄스럽다. 부모는 죽어서도 자식의 마음속에서 함께 사는 것 같다.

나는 여전히 그날을 잊지 못한다. 누나의 마지막 인사를 놓친 것도, 부모님의 애처로운 눈빛도, 사랑한다는 말을 왜 그리 아꼈는지, 고맙다는 말이 왜 그리 힘들었는지, 생각할수록 세상의 그 어떤 것을 놓친 것보다 안타깝다. 사금파리로 가슴을 긁어내는 것 같다.

사랑이 있어야 할 자리는 마음속이 아니다. 마음속에 있는 사랑은 사랑이 아니다. 밖으로 꺼내야 비로소 사랑이 된다. 표현하지 않는 사랑은 사랑이 아닐뿐더러, 기다려 주지 않는다. 사라진 자리는 점점 기억이 아닌 후회로 남는다. 이제는 다시 만날 수 없는 부모님께, 그리고 누나에게 늦은 마음의 편지를 쓴다. 그리고 오늘, 사랑은 남기고 떠나야 한다는 것을 다시 깨닫는다.

시간은 누구도 기다려 주지 않는 것처럼, 사랑도 마찬가지다. 표현하지 않은 사랑은 결국 사라진다. 표현하지 못한 사랑은 존재하지 않는다. **사랑하는 마음, 고마운 마음은 시기를 놓치지 말아야 한다. 미루지 말고, 실천해야 한다.** 누군가가 나를 따뜻하게 대해줄 때, 그 사람의 손을 잡고, 눈을 보며 말해야 한다. '고마워요. 나도 당신을 사랑해요.', '당신의 사랑을 나에게 주셔서 고마워요.'라고. 그래야, 그 말이 그 사람의 가슴에 담긴다. 아무리 크고, 진솔한 사랑도, 표현하지 않는다면 의미가 없다. 표현되지 못하는 사랑을 품고 있으면 결국 후회밖에 남지 않는다. 특히 그 사랑의 대상이 부모님이라면, 지금 살아계신다면 아직 늦지 않았다. 부모는 존재만으로도 축복이요, 선물이다. 내가 할 수 있는 마음의 표현을 하자. 오늘은 미루지 말자.

오늘의 표현 점검

부모 형제에게 사랑한다, 고맙다는 말을 해본 적이 언제인가요?

04

어긋난 질문은
관계를 빗나가게 한다

"요즘, 대원이는 안 만나?" 친구 형석의 물음에 나는 어색한 웃음을 지으며 대답했다. "아, 그 친구? 글쎄, 바쁘다나 뭐라나, 좀 뜸했어." 대원이가 나와 거리를 두기 시작한 건 어느 날 갑자기 일어난 일은 아니었다. 형석이가 나에게 대원이의 말을 전했다. "대원이가 그러는데, 이제 자네랑 안 만난대." 무슨 뚱딴지같은 소린가 싶어 되물었다. "왜? 이유가 뭐야?" 형석은 입을 삐죽이 내밀고 어깨를 한번 들썩이더니, "뭐라더라 식당에 가면 항상 자네가 먹고 싶은 것만 시킨다나?" 나는 황당했지만, 그 말이 무슨 뜻인지 알 것 같았다. 식당에 가면 항상 내가 먹고 싶은 걸 골랐다. "쌀국수 어때?", "그래, 뭐 괜찮아!", "자네는 당기는 거 없어?", "뭐, 없어." 대원이는 내가 물어볼 때마다 늘 이런 식이었다. 그래서 나는 진짜 괜찮은 줄 알았다. 형석이가 말을 이었다. 자기도 먹고 싶은 게 있었지만, 분위기 흐릴까 봐 말을 못 했다네. 그 말을 듣자, 하마터면 욕이 나올 뻔했다. 물어볼 때마다 괜찮다고 해 놓고, 내가 없는 자리에서 뒷담화한다고 생각하니 어이가 없었다. 내가 괜찮으면 문제가 없다고 생각했는데 그 친구와의 관계는 조용히 금이 가고 있었던 모양이다.

그 후로, 대원이가 아무것이나 먹자고 하면, "나중에 딴소리하지 말고, 오늘은 자네가 먹고 싶은 거 먹자."라며 농담처럼 말했다. 대원이가 겸연쩍게 웃으며 대답했다. "예전에는 말 못 했는데, 사실 나 매운 거 잘 못 먹어!" 진심은 그렇게 말할 기회를 줄 때야 비로소 나오는 모양이다. 대원이가 그쯤에서 불만을 드러내길 그나마 다행이다. 그 말도 안 했으면 우정에 진짜 금이 갈 뻔했다.

세상에는 자신의 욕구를 잘 표현하지 못하는 사람들이 생각보다 많다. 그들은 상대가 편하길 바라는 마음에 양보하겠지만 따지고 보면, 그런 방법은 누구에게도 도움이 되지 않는다. 말하지 않는다고 문제가 없다는 게 아니다. '괜찮다.'라는 것은 '괜찮다'라는 것이지, '좋다'라는 것과는 차이가 있다는 걸 분명히 알게 되었다.

기준을 흐리지 않는다는 것

김천에 사는 친구 용수가 곱창전골집 개업을 준비할 때였다. 시식 평가를 하자며 나를 불렀다. 나는 요리 전문가는 아니지만, 요리에 관심이 많다. 사람들과 요리에 관해 이야기한다. 그래서 나를 불렀다. 친구들과 용수네 가게에 모였다. 4인용 테이블이 6개가 놓여있는 크지도 작지도 않은 아담한 가게에는 이미 새로 만든 간판과 메뉴판이 걸려 있었다. 이제 장사만 시작하면 될 만큼 준비를 마쳤다. 용수는 아내와 함께 곱창전골 냄비를 불판에 올려놓고 가스불을 켰다. 냄비에 곱창과 내장이 벌건 양념에 버무려져 먹음직스러워 보였다. 곱창 위에 대파와 양파도 굵직굵직하게 썰어 놓았다. 그 위에 묵은지 서너 장이 덮여 있다. 끓기 시작하면 넣는다고 육수 주전자도 가져왔다. 함께 간 친구들이 끓기 시작하는 냄비를 들여다보며 입맛을 다셨다. 마음이 급한 친구는 벌써 소주병을 따고, 맨 김치에 소주잔을 비우고 있다. 나는 용수 아내에게 레시피를 보여 달라고 했다. 영업 비밀이지만, 솔직하게 평가해 주기 위해서는 요리법을 봐야겠다고 했더니, 노트에 적은 것을 보여주었다.

전골이 끓기 시작하자. 용수의 아내는 집게로 곱창을 들고 가위로 숭덩숭덩 썰었다. 개업도 안 한 주인장의 가위질 솜씨가 심상찮다고 했더니, 예전에 곱창 전문 식당에서 일해본 경험이 있다고 했다. "그렇다면 이미 곱창전골에 대해서 전문가 수준인데, 굳이 시식까지 할 필요가 있을까요?", "그래도 음식 맛에 대해서 솔직하게 말해 줄 사람한테 평가를 받아보고 싶어서 불렀어요."라고 했다.

이윽고, 곱창이 구수한 냄새를 풍기며 익었다. 우리 일행은 곱창전골 4인분을 깨끗하게 해치웠다. 용수 부부는 먹기만 하지 말고 솔직하게 평가해 달라고 했다. 내가 물었다.

"고춧가루에 중국산이 섞였네요?" 용수 부부는 서로 눈을 마주 보다가 나에게로 돌리며 그렇다고 했다. 나는 '쓰읍' 입맛을 다시며 눈을 가늘게 뜨고, 고개를 좌우로 갸우뚱거리며 말했다. "국산이 40%, 중국산이 60%. 그런데, 중국산 고춧가루가 유통기간이 좀 지났는데?" 용수 아내는 "엄마야! 귀신이다! 그걸 어떻게 아는데요?"라고 했다. 나는 말을 이었다.

"마늘이 다섯 큰술을 넣는다고 했는데, 부족하고, 생강도 레시피에 적힌 만큼 안 들어갔어요. 그리고, 연육 작업에 파인애플을 사용한 거 같은데, 하루 이상은 숙성해야 육질이 연해집니다."

"엄마야! 호용 씨 입이 정말 귀신이다. 마늘을 더 넣을라 카다가, 마늘 빻아 놓은 거 꺼낼라 카다가, 번거로버서 그냥 했고, 생강도 조금 있던 거, 그냥 넣고 말았어요. 그라고, 중국산 꼬치까리도, 군내가 나는 거 같아서 안 쓸라 카다가 국산 햇 꼬추까루하고 섞으면 괜찮겠지 싶었는데, 버리뿌야 되겠다. 연육은 어젯밤에 절여놓은 거 양이 적어서 추가로 안 절인 거랑 섞어서 그렇게 됐어요."

"시식 평가를 해 달라고 했으면, 조리법대로 하셔야지 손님상에도 이렇게 급하면 급한 대로, 되면 되는대로 하실 겁니까? 저야 이렇게 먹고 말겠지만, 손님들의 입맛은 까다로울 겁니다. 안다고 한두 번은 오겠지만, 얼굴 보고 팔아줄 거 못 되는 게, 음식 장사거든요.”

용수 부부는 솔직하고 자세하게 말해 줘서 고맙다고 했다. 그리고 이틀 후 용수네 가게는 개업했다. 사는 지역이 달라서 자주 가볼 수 없었지만, 가끔 “장사는 잘 되지?” 하고 물어보면 “응, 덕분에.”라고 했다. 몇 개월이 지났다.

마음의 온도가 달랐다

김천에 일이 있어서 친구와 함께 오랜만에 용수 가게에 들렀다. 우리가 갔을 때는 한가했다. 점심시간인데 왜 이렇게 조용해요? 라고 하려다 말았다. 곱창은 은근히 오래 끓여야 맛있다. 곱창전골 맛은 개업할 때보다 못했지만, 까탈스럽다고 할까 봐 말을 말았다. 그런 내 속을 들여다보기라도 하듯 용수의 아내가 나에게 물었다. “전골 맛 어때요?”, “제가 알고 있는 이 집의 조리법이랑은 좀 다르네요?”, “확실히 호용 씨 입맛은 귀신이라니까!” 용수 아내는 자신의 속이 들켜 못마땅하다는 얼굴로, 입을 삐쭉거리며 웃었다. 나는 속으로 음식 맛이 이래서는 장사가 안 될 텐데 싶었다. “개업하기 전에 시식 평가도 하더니, 왜 조리법을 그대로 안 지킨 거죠?”, “에그, 말이 그렇지 손님들 입맛을 다 맞출 수 있나요. 그냥 되는대로 하는 거지. 그리고, 그때는 처음 시작하니까 주변 사람들 불러서 먹어보고 선전 좀 해 달라고 불렀던 거지.” 내 코에서 콧김이 ‘푹’ 하고 샜다. 동시에 오른쪽 입꼬리가 아래로 ‘축’ 처졌다.

“입소문도, 맛있어야 나는 거지요.”라는 말이 하마터면 입 밖으로 나올 뻔했다. 그때 나에게는 조언을 해주는 일이 무척 신중하고 진지한 일이었는데, 정작 당사자는 대수롭잖다니 허탈했다. 나는 그때 크게 깨달았다. 이런 것이 바로 표현을 몰라서 생긴 오해구나 싶었다. 맛을 봐 달라는 것은 그냥 먹어보라는 것이지 진짜 소감을 들으려는 의도가 아니라는 것을 알았다. 그렇게 묻는 대부분 사람은 남의 의견을 따라 하지 않는다는 것도 알았다. 그 후로 나는 누가 맛을 봐 달라고 하면, ‘맛있다, 먹을 만하다.’ 정도로 하고 만다. **질문의 의도를 정확하게 파악하지 못하면 오해가 생긴다.** 그렇게 생긴 표현의 오해는 진짜라고 다 진짜가 아니고, 가짜라고 모두가 가짜가 아닌 웃픈 일이 생긴다.

당신은, 남이 나에게 하는 충고나, 권유의 말을 어느 정도 신뢰하시나요?

05

좋은 사람 콤플렉스가
나를 무너뜨릴 때

좋은 사람이 되려다, 진짜 나를 잃어버리는 경우가 많다.

– 파울로 코엘료 (Paulo Coelho)

수년간, 여러 지방의 중고등학교 진로 캠프 수업을 다녔다. 가르치는 일은 힘들었지만, 배움 앞에서 반짝이는 눈을 보면 늘 보람이 있었다. 그러나 언제부턴가 교육을 진행하는 업체의 횡포가 눈살을 찌푸리게 했다. 모든 업체가 다 그렇지는 않다. 지식보다 계약이 먼저였고, 학생보다 실적이 중요해 보였다. 그리고 그 한가운데 모 교육업체 대표가 있었다. 그는 강사들을 파트너가 아닌 소모품처럼 대했다. 선약이 되어있는 강의 일정을 일방적으로 취소하는 건 예사였다. 마음에 들지 않는 강사가 있으면 사람들 앞에서 인신공격도 서슴지 않았다. 강사와 업체는 협업하는 관계다. 그런데 마치 업체가 강사를 먹여 살리는 것처럼 갖은 생색을 냈다. 특히 초보 강사들은 불이익이 두려워 말도 못 했다. 나 역시 이건 아니다 싶은 마음이 불길처럼 번졌다.

관계가 목적이 아닌 사람들

어느 날, 갑자기 학교 강의가 취소되었다는 전화를 받았다. 강사에게 예정된 강의 취소는 그리 간단한 문제가 아니다. 강의료가 많고 적음을 떠나 미리 약속된 일정에 책임을 지는 것은 기본이다. 강사는 책임감을 갖고 지키려 한 일정인데, 느닷없이 전화 한 통으로 취소되었다고 알린다. 그것도 한두 번이 아니다. 의구심이 들어 학교에 확인해 보기까지 했다. 역시 사실이 아니었다. 내가 들어갈 자리에 다른 강사가 투입된 걸 알았다. 부득이한 사정이 생길 수도 있고, 일일이 설명할 수 없다 보면, 본의 아닌 거짓말을 할 수 있다는 생각으로 매번 참았는데, 더는 안 되겠다. 싶었다. "내 강의 실력이 검증 안 됐다면 함께 일하지 않겠습니다."라고 했다. 그때마다 펄쩍 뛰며 절대 아니라고 했다. 그렇게 해서 몇 번이나 그냥 넘어갔지만, 상황은 달라지지 않았다.

"강의를 개떡같이 한다.", "내 눈 밖에 나면 인맥을 동원해서 업계에 발을 못 붙이게 하겠다." 대표의 막말은 갈수록 정도가 심해졌다. 그는 실제로 강의를 해본 경험이 없는 사람이다.

'강의'는 가르쳐서 되는 것도 있지만, 현장 경험을 통해 터득하는 경우가 더 많다. 특히 초보 강사에게는 적응하는 시간도 필요하고, 시행착오를 거쳐야 하는 부분이 분명히 있다. 그에게 그런 말은 변명에 지나지 않았다. 수업 시간에 집중도를 높이기 위해서 본인도 하지 못하는 '청중을 집중시키는 방법'을 가르쳐준다며, 불시에 강사들을 호출했다. 참석을 못 하면 강의를 안 주겠다고 으름장을 놓았다. 나도 강의를 해봐서 알지만, '청중을 집중시키는 기술'이란, 상황마다 다르고, 청중마다 달라서 숙련된 강사만의 노하우가 필요한 부분이라고, 아무리 설명해도 남의 말은 귓등으로 들었다.

그 업체가 사업을 시작할 때의 일이다. 나를 직원으로 등록했다는 사실을 뒤늦게 알았다. 어느 날 그는 동업자 대표에게 말하지 말라고 하면서 이렇게 말했다. "우리 업체가 지금까지 최호용이란 이름으로 교육업체 수수료를 냈습니다. 그 혜택을 최호용 강사님이 볼 테니 동업자 모르게 수수료 일부를 저에게 돌려주세요.", "그런 기록이 있으면 내가 혹시라도 지원금 신청이 필요할 때 문제가 되지 않을까요?", 그 말을 듣고 대표는 "수준 떨어지게 지원금 받아서 먹고 살 생각한다."며 날을 세웠다. 그 말을 듣고 어찌나 자존심이 상하던지, 며칠 동안 밥도 제대로 못 먹고 잠도 못 잤다.

조직을 소모시키는 선택

코로나19가 터지고 모든 강의가 중단됐을 때, 정부에서 프리랜서 강사에게 지원금을 줬다. 내가 그 업체에 직원으로 등록되어 있으니, 지원금을 받을 수 있게 해 달라고 했다. 그랬더니 "수준 떨어지게 또 지원금 받아먹을 생각한다.”, “강사로서 기본이 안 돼 있다.”라고 하길래 “온 국민이 다 받는 지원금을 나도 받겠다는데, 그게 강사의 마인드와 무슨 상관이냐?”라며 따졌다. “소장님이 우리 업체를 위해 한 게 뭐가 있다고 인증 서류를 달라고 합니까?”, “직원도 아닌 내가 업체를 위해서 무슨 일을 해야 하는 거예요?”라고 되물었다. 그의 말은 거침이 없다. 생각나는 말을 단 1초도 망설이지 않고 뱉는 수준이다. 도대체 대화 자체가 안 되는 사람이다. 끝까지 “지원금을 받으면 사무실 월세를 보태든가, 수수료를 주세요.”라는 조건을 달았다. 그와 대화하면 삶은 고구마를 물 없이 천 개를 먹는 기분이다.

실업 급여 신청할 때였다. 내가 그 업체에 직원으로 되어있어 실업 급여를 받지 못하게 되었다. 그 사실을 말했더니, 권고사직으로 재등록해서 받게 해줄 테니, 그 대가로 3개월 부담금과 그전에 1년 치 수수료 낸 것을, 동료 대표 모르게 자신에게 돌려 달라고 했다. 웬만한 사람들은 양심에 찔려 못 하는 말도 그는 거침이 없다.

그뿐 아니다. 학교에서 수업 중에 ‘참관’이란 명분으로 강사의 동의도 없이, 일면식도 없는 외부 강사를 투입해 수업 시간에 있었던 일을 캤다. 말이 ‘참관’이지 ‘스파이’와 다름없다. 수업 중에 ‘드르륵’ 문을 열고 들어와 감독한다는 핑계로 교실을 휘젓고 다니고, 자기 마음대로 학생을 화장실에 가도록 허락했다.

한번은, 그 업체의 제의로 영어 캠프에 강의하러 갔다. 교육장에 빔 프로젝터가 미리 설치되어 있었다. 대표인 그의 노트북으로 강의 준비 영상을 켜놓은 상태였다. 굳이 내 노트북을 따로 설치할 필요가 없겠다 싶어서 내 강의 USB를 그의 노트북에 꽂았다. 그랬더니 일전에 누군가가 자신의 노트북에 정보를 훔쳐 간 적이 있었다면서 나를 의심했다. 정말 기가 막혔다. 속으로 '뭐 이런 사람이 다 있나?' 싶었다. 몇 번이나 아니라고 했지만, 끝까지 내 노트북을 검색해야겠다고 했다. "만약에 이 자리에서 내 노트북이나 USB에서 자료를 훔치지 않은 게 확인되면, 그 감당을 어떻게 하겠느냐?"라고 했더니 "그런 일이 생기면 앞으로 잘하겠다."라고 밑도 끝도 없는 말만 했다. 그 말이 무슨 뜻인지는 알 수 없었지만, 우리 관계는 끝이라고 말하면서 확인시켜 주었다. 결국, 그는 나에게 사과했다, 하지만 사람을 의심한 책임을 사과로 끝낼 일은 아니었다. 그는 이 사실조차도 동료 대표에게 말하지 말아 달라고 신신당부했다.

자신에게 불리한 일이 생기면 "박 대표에게 절대 비밀로 해달라.", "박 대표에게 잘 해결된 것처럼 말해달라.", "한 번만 눈 감아 달라."라고 말했다. 그럴 때마다 나는 하나의 생각을 굳혀갔다. 학교 교육이 이런 사람들에 의해 만들어지고 있어선 안 된다고 생각했다. 나는 그 모든 일을 동업자 대표에게 끝까지 말하지 않았다. 특별한 이유는 없지만, 그저 입이 무거운 사람이 되어 준다는 생각에서 한 일 때문에 내 마음만 무거워지고 말았다. 다시 그런 상황이 온다면 나는 과연 어떤 선택을 할까? 좋은 사람이 되고 싶어서 침묵해 준 그때의 선택이 과연 옳았을까? 나는 과연 무엇을 위해 침묵했을까? 결국은 좋은 사람인 척 선택한 침묵은 비열한 동조가 아니었을까?

일은 능력으로 하지만, 함께 일하는 것은 결국 사람으로 하는 것이다. 최소한의 존중과 배려가 없는 사람과는 협업이라는 말 자체가 불가능하다고 판단했다. 참고 넘어가는 것도 한계가 있었다. 하지만 그런 관계의 지속은 나를 갉아먹는다. **자기 존중이 무너지는 순간, 관계도, 일도, 의미도 따라 무너진다.** 그래서 나는 그들과의 결별을 결심했다. 결별은 때로 가장 단호한 선택이자 가장 건강한 시작이다. 불필요한 감정을 주고받으며 나를 갈아 넣는 대신, 내가 지켜야 할 가치를 선택했다.

오늘의 표현 점검

만약, 내가 이런 사람을 만난다면, 어떤 선택을 할까요?

06

말투가 관계를
결정하는 순간

지나간 말 하나가 남긴 것

평생교육원 스피치 수업이 있는 날이다. 시작 전이라 사람들은 삼삼오오 둘러앉아 커피를 마시기도 하고, 대화를 나누고 있다. 그때 경식이 강의실 앞문으로 들어오며 사람들을 향해 손을 흔들었다. 둘러맨 가방을 자리에 내려놓으며 사람들을 향해 물었다. "지난주에 정교수님 참석하셨나요?" 뒷자리에 앉아 있던 형숙은 노트에 무언가 쓰면서, 경식을 쳐다보지도 않고 말을 받았다. "왜 늘 뒷북치고 그래요? 교수님이 오셨으니 수업했겠죠.", "정찬우 교수님이요?", "아, 그 교수님은 안 오셨고, 정현우 교수님만요." 형숙의 말이 떨어지기 무섭게 누가 뭐라 할 것도 없이 강의실 안에 있던 사람들은 일제히 서로의 눈을 번갈아

보았다. 순간 경식의 얼굴에 웃음기가 싹 가셨다.

짧은 대화가 오가자, 분위기는 묘하게 가라앉아 버렸다. 겉으로 보기에는 별일 아닌 대화였지만, 두 사람의 대화가 교실에 찬물을 뿌린 것 같았다. 형숙의 말에 경식은 상처받았다. 단순히 뒷북이라는 말 때문만은 아니었다. 그 말 한마디가 경식을 늘 주의 깊지 못한 사람으로 간주했다는 인상을 줬기 때문이다. 그 말을 어떤 의도로 했든 간에 듣는 순간, 경식이 생각하기에 형숙은 평소에 나를 온전한 사람으로 인정하지 않는다고 느꼈다. 그들은 이제 겨우 두 번째 대화를 나눈 사이였고, 서로에 대해 잘 알지 못했다. 그런데도 형숙은 상대 질문의 핵심을 파악하지 못했고, 경식이 늘 뒷북치는 사람이라는 인식을 주기 충분한 말을 해버렸다.

경식은 그 후로 형숙을 의도적으로 피했다. 같은 공간에 있어도 말을 섞지 않았다. 가까이 있을 때는 자리를 피했다. 누군가 형숙의 말을 꺼내면 애써 무표정으로 일관했다. 경식은 자신의 인맥에서 형숙의 존재를 완전히 도려내 버렸다. 사람들이 경식에게 물었다. 왜 굳이 그렇게까지 해? 그냥 한 말이잖아, 오해가 있었으면 풀 수도 있잖아?

하지만, 그것은 제삼자의 생각이다. 그 말이 왜 상처가 됐는지 겪어본 사람만이 알 일이다. 그렇다면 과연, 경식은 옹졸한 사람이었을까? 아니다. 그는 상처를 숨기기보다 자신을 지키는 쪽을 선택했을 뿐이다. 관계는 때로 그렇게 끝난다. 말 한마디로 끝장나기도 하고, 말 한마디에 살아나기도 한다. 형숙은 몰랐을 것이다. 자신이 무심코 던진 말이 상대방의 자존감에 생채기를 냈다는 사실을. 그리고 형숙은 사과하지 않았다. 왜냐하면, 경식이 아무 말도 하지 않았기 때문이다.

결국, 소통의 부재는 표현의 부재다. 오해가 생겼을 때, 마음이 불편할 때, 상처를 입었을 때, 그 감정을 말로 표현하지 않으면 상대는 결코 알 수 없다. 그리고 그렇게 말하지 않음으로 관계는 완벽하게 무너지고 만다. 말하지 않으면 모른다. 말하지 않는 순간부터 관계는 끝을 향해 간다. 표현이란, 말로 전달하는 것. 그것이 우리가 할 수 있는 유일한 시작이다.

오해의 시작은 항상 나였다

내가 간판업을 할 때의 일이다. 옆집에는 공구 판매업을 하는 가게가 있었는데 사장이 30대 초반이었다. 우리는 같은 건물에서 날마다 얼굴을 보는 사이라 자연스럽게 친하게 지냈다. 하루는 출근해서 셔터를 올리고 있는데 옆집 사장이 나를 보고도 아는 척도 하지 않는다. 여느 때 같으면 당연히 반갑게 인사를 주고받을 테지만, 그날은 표정도 다르고 왠지 느낌이 싸했다. 나는 속으로 '안 좋은 일이라도 있나?' 싶었지만 대수롭지 않게 넘겼다. 퇴근 무렵 우리 직원이 하는 말이 "옆집 사장님이 어제 일 좀 도와 달라는 거 바빠서 안 해줬더니 삐친 거 같아요."란다. 나는 그제야 이유를 알고 옆 가게 사장을 찾아갔다.

"김 사장, 우리 박 기사가 일 못 도와준 거 때문에 언짢은 모양인데, 기분 풀어."

"저, 박 기사 때문에 기분 나쁜 거 아니고, 사장님 때문입니다."

"나? …나 때문이라고? …왜?"

이런 걸 두고 기절초풍이라고 한다. 자초지종을 물었더니, 그저께 아침에 자신의 3살 된 딸아이 사진을 들여다보면서 입이 귀에 걸린 듯 좋아하길래, 내가 "고슴도치도 제 새끼는 이쁘다더니, 그렇게 좋아?" 라고 했더니, 그 말이 그렇게 서운했었단다. 정말 기가 막히고 코가 막힐 노릇이다.

한 번 멈추는 용기

누군들 제 새끼가 이쁘지 않겠는가? 심지어 나는 아기를 유난히 좋아한다. 지금은 세상이 달라져서 남의 아기를 쓰다듬기는커녕, 빤히 바라볼 수조차 없지만, 나는 어릴 때부터 갓난아기만 보면 좋아서 참새처럼 폴짝폴짝 뛰었다. 그런 내가 자신의 아기 사진을 들여다보면서 흐뭇해하는 심정을 왜 모르겠는가? 백 번 아니, 천 번 이해하고도 남는다. 고슴도치도 제 새끼는 이뻐한다는 말은 '암 그렇지 이쁘고말고.' 라는 뜻인데, 세상에, 그 말을 그렇게 오해했다니, 정말이지 상상도 못한 일이다.

나는 그 상황을 수습해야 했다. 내가 한 말 때문에 상대가 불쾌했다면, 나의 의도와 상관없이 표현에 문제가 있는 거라고 생각했다. "미안해, 그렇게 생각하는 줄 몰랐네. 아무려면 내가 나쁜 뜻으로 그런 말을 할 사람인가?" 사과는 했지만, 내심 서운했다. 지금까지 나를 겪어 봤으면서 그런 생각을 했다니, 오히려 내가 섭섭하네, 라고 토를 달고 싶었지만, 사과의 의미가 흐려질까 봐 참았다.

그 일은, 내게 말을 하는 사람과 듣는 사람의 입장을 다시 한번 생각하게 하는 계기가 되었다. 같은 말이라도 '아' 다르고, '어' 다르다는 말이 이런 경우를 두고 하는 말이다. 특히, 감정을 표현할 때는 억양에 주의해야 한다. 아마 그날도 내가 한 말이 오해의 소지가 되었던 것도, 억양 때문이라는 생각이 든다. 그리고 '그렇게 좋으냐?'라는 말 뒤에 '그 마음을 내가 알지.'라는 말을 덧붙이기만 했어도 그런 일은 없었으리라 생각된다. 아무리 좋은 의도의 말도, 표현을 어떻게 하느냐에 따라 180도로 달라질 수 있다. 많은 경우에 소통이 안 되는 이유는 표현을 제대로 하지 못해서다. 그렇다면 나의 소통 능력과 표현력은 과연 어떠한지 한 번쯤 되돌아볼 필요가 있다.

말한다고 모두 이해하는 것이 아니고, 설명한다고 다 받아들이는 것도 아니다. 가장 가까운 사람에게조차 내 마음이 제대로 전달되지 않을 때, 내 입장만 고집하는 건 아닐까? 하고 곱씹어 보아야 할 때도 있다. 소통의 어려움은 단지 듣는 사람에게만 문제가 있는 것이 아니다.

말하는 사람의 표현 방식에도 책임이 있다. **내가 선택한 말투, 단어, 감정의 강도와 태도가 상대의 마음을 여는 열쇠가 되기도 하고, 반대로 그 문을 더 단단히 닫히게 하는 자물쇠가 되기도 한다.** 그래서 나는 말하기 전에 한 번 더 생각하기로 했다. 내가 무엇을 말하는지도 중요하지만, 어떻게 말하는지가 더 중요하다는 사실을 확실하게 깨달았기 때문이다.

본의 아니게 누군가에게 상처가 되는 말을 한 적은 없나요?

07

나누지 않으면
행복은 혼자 남는다

행복은 느끼는 것만으로는 충분치 않다. 나누어야 진짜 행복이 된다.

– 마르쿠스 아우렐리우스 (Marcus Aurelius)

『흥부와 놀부』, 『심청전』, 『토끼와 거북이』, 『신데렐라』, 『해님과 달님』…. 우리는 수많은 이야기를 들으며 자랐다. 흥미로운 것은, 이 이야기들 속 대부분 사건이 '악의'보다 '침묵'에서 비롯되었다는 점이다. 흥부가 어려운 형편을 형수에게 말했다가 주걱으로 맞았다. 흥부가 형편이 어려우니 맞벌이하자고 아내에게 말했다면 형편이 좀 나아졌을지도 모른다. 심청이도 그렇다. 스님에게 공양미 3백 석은 너무 많으니, 깎아달라고 말했더라면, 바다에 뛰어들지 않았을지도 모른다. 억울한 상황을 제대로 말하지 못해 끝내 마법의 힘을 빌려야 했던 신데렐라까지. 이야기 속 주인공들은 하나같이 말하지 못했다. 그 결말은 늘 엉뚱한 방향으로 흐르고 말았다. 침묵은 언제나 사건을 더 복잡하게 만든다는 사실이 분명하다.

오늘날 우리가 왜 이렇게 관계를 힘들어하고, 소통에 목말라하는지 생각해 보니, 모두 그런 이야기를 듣고 자란 탓이 아닌가 싶다. 쉽게 말하지 못하는 습관을 몸에 익힌 채 어른이 되었다. '하고 싶은 말이 있어도 참고', '도움을 요청하고 싶어도 미안해서 참고', '사랑한다는 말도 쑥스러워 못 했다.' 참는 것이 미덕이고, 속으로 삭여야 성숙함이라고 배웠기 때문이다. 그러나 시간이 지나고 보니, 참지 말고, 제때 표현했더라면 달라질 수 있었다는 것을 뒤늦게 깨달았다.

침묵이 안겨준 엄청난 결과

내가 생각하기에 말을 못 해서 가장 손해 본 사람은 갑돌이와 갑순이다. 서로를 마음에 품고 있으면서, 단 한 번도 표현하지 못하고, 끝내 사랑을 이루지 못하는 두 사람의 이야기는 가장 한국적인 비극이다. 한 동네서 살았기 때문에 더 안타깝다. 갑돌이는 갑순이를 사랑하면서도 안 그런 척했다니, 얼마나 힘들었을까? 갑순이도 갑돌이에게 말 못하고 시집가서 첫날밤에 둥근 달을 보며 울었다니, 듣는 내 가슴이 미어진다. 사랑하면서 말하지 못했고, 기다리면서 안 그런 척했다. 서로를 마음에 품었지만, 끝내 한 번도 마음을 내뱉지 못했다. 그들의 이별은 운명이 아니라 침묵의 결과였다.

갑돌이와 갑순이가 표현을 제대로 했다면 어떻게 되었을까. 갑돌이가 갑순이에게 당당하게 "내, 아를 낳아도!"라고 하면, 갑순이는"나, 잡아봐라." 하며 저고리 고름 입에 물고 뛰어가고, 갑돌이는 따라가고…. 뭐 그렇게 시작되지 않았을까? 이렇게 아주 사소한 표현만 했어도, 두 사람의 역사는 전혀 다른 길로 흘렀을지도 모른다. 오해도, 불안도, 애매함도, 감정의 엇갈림도 없었을 것이다. 설렘의 마음은 마음속에 숨겨둘 때보다 꺼내놓을 때, 더 아름다운 형태로 자란다는 것을, 두 사람은 배우지 못했다. 표현이란, 마음의 씨앗에 햇살을 쪼이는 것과 같다. 숨겨두면 썩지만, 꺼내놓으면 싹이 튼다. 갑돌이와 갑순이가 서로를 향해 한 마디만 더 용기 있게 표현했다면, 그리고 『소나기』에 나오는 서울에서 온 여자아이가, 시골 소년을 향해 마음을 표현했다면, 조약돌을 던지며 '바보'라고 하지 않아도 되었을지 모른다. 우리는 그런 애틋한 이야기들만 듣고 자랐다. 서로의 마음을 굳게 지켜냈다는 이야기, 함께 나이 들어갔다는 이야기. 어쩌면 서로가 마음을 표현한, 그 시대의 가장 아름다운 사랑 이야기를 전해 들었다면 지금의 우리도 달라져 있을지도 모른다. 말 한마디가 역사를 바꿀 수 있다면, 두 사람의 결말은 충분히 달라질 수 있었다.

'구슬이 서 말이라도 꿰어야 보배'라는 말처럼 '행복이 서 말이라도, 표현해야 보배다.'라고 말하고 싶다. 속에 있는 마음은 말하고, 꺼내고, 드러내지 않으면 아무 소용이 없다는 뜻이다. 마음속 깊이 숨겨 놓은 사랑, 고마움, 배려, 인정, 사과, 이해…. 이러한 것들은 표현되는 순간 비로소 '관계'라는 이름으로, '소통'이라는 단계를 거쳐, 서로의 삶 속에서 꽃이 피어나듯이 기적 같은 변화를 일으킨다.

어쩌면 우리는 지금도 또 다른 갑돌이와 갑순이로 사는지도 모른다. 좋아한다는 말 대신 '괜찮아요.'라는 말로 얼버무리고, 힘들다는 말 대신 '참을 만해요.'라고 한다든가, 고맙다는 말 대신 '뭘, 이런 걸 다.'라며 피해 간다. 그러나 이렇게 숨기고 포장하는 습관이 결국 우리 삶을 더 어렵게 만든다는 것을, 우리는 여러 번의 후회를 통해 배웠다. 말하지 않으면 아무 일도 일어나지 않는 건 너무나 자명한 사실이다. 표현하지 않으면 상대는 알지 못한다. 이제 우리에게 필요한 건 용기 있는 한마디 말이다. 갑돌이와 갑순이의 결말을 바꿀 수 없다면, 적어도 우리의 삶에서 또 다른 침묵의 비극은 만들지 말아야 한다. 좋아하면 말하고, 고마우면 기꺼이 감사함을 전하고, 미안하면 당연히 사과하고, 사랑하면 적극적으로 표현해야 한다. **표현은 관계를 움직이는 첫 번째 동력이자, 마음을 이어주는 가장 정확한 길이다.**

'말해야 속을 알고, 표현하는 관계가 성장한다.' 우리의 어린 시절 이야기 속 주인공들이, 이 단순한 진리 하나만 제대로 배웠어도, 훨씬 따뜻한 결말을 얻었을 것이다.

마음을 밖으로 놓는 연습

표현은 적극적으로 해야 한다. 누구의 눈치를 보거나, 반응을 보고 따라 할 필요 없다. 그렇다고 누가 뭐라고 하든 마음 내키는 대로 하라는 말은 아니다. 진심으로 좋은 관계가 되기를 바라는 마음이면, 상대의 마음에도 닿는다. 하루에 단 한 번이라도 좋다. 따뜻한 말 한마디를 내가 먼저 시작하자. 고마움의 표현도, 행복의 표현도 당신이 시작한 그 말이 누군가에게 큰 힘이 될 수 있다. 내 안의 감정과 행복을 표현하는 순간, 우리의 관계는 깊어질 것이다. 아름다운 소통과 더불어 우리 모두의 삶은 한결 풍요로워질 것이다.

나는 달력에 동그라미와 곱표로 실행 목표를 기록한다. 하루 중 누군가에게 좋은 말을 먼저 했을 때 하는 표시다. 동그라미가 많아도 괜찮고, 곱표가 많아도 괜찮다. 그런데 막상 해보면 신기하게도 동그라미가 많으면 계속 많아지게 하고 싶어지고, 곱표가 많아지면, 동그라미가 많아지게 하고 싶은 마음이 생긴다. 이게 무슨 표시냐고 물어보는 사람도 있다. 그럴 때 나는 "내 마음에 촛불을 켠 날입니다."라고 대답한다. 하루에 한 번 내 감정과 표현을 돌아보는 시간, 달력에 동그라미와 곱표를 그리는 아주 단순한 실천의 표시다.

소통은 기술이 아니라 태도의 문제다. 말을 잘하는 것이 아니라, 제대로 말하고 마음을 다해 전해야 한다. 그리고 그날의 마음을 돌아보며, 내일은 더 나은 방식으로 표현하겠다고 다짐한다. 나의 표현에 그리는 작은 기호 하나가 내 말의 무게와 방향을 바꾸고 있다. 그것이 바로 내 생각과 말을 구슬처럼 꿰는 일이다.

누군가의 말로 힘을 얻었던 적이 있나요? 그 말을 지금 당신이 해보세요.

08

소통은 즐기는
사람의 태도다

– 최호용

표현이란, 단순히 말을 꺼내는 일이 아니다. 마음을 전하는 것이다. 감정을 전달하고 나누는 과정이다. 표현하는 것이 어렵다고 말하는 사람이 많다. 왠지 어색하고 부담스럽고 때로는 의무처럼 여겨진다고 한다. 그 이유는 하나다. 표현을 즐기지 못하기 때문이다. 표현을 억지로 하면 티가 난다. 입으로는 고맙다고 하지만, 눈빛이나 표정과 말투에서는 전혀 진심이 느껴지지 않는다. 사랑한다는 말도 마찬가지다. 진심이 느껴지지 않으면 놀린다는 생각이 들 수 있다. 오히려 더 멀어지는 결과를 낳기도 한다. 표현은 억지로 하면 안 된다. 표현은 즐겨야 한다. 즐기며 표현하는 사람은 다르다. 그의 말에는 생기가 있다. 눈빛이 살아 있다. 손짓과 몸짓에서도 자연스러움이 묻어난다. 말의 내용보다 중요한 건 그 말에 실린 태도와 감정이다. 억지로 짜낸 말은 울림이 없다. 즐기며 꺼낸 말이 마음을 움직이게 한다.

매듭을 풀어 놓는 순간

나는 강연을 하면서 수많은 사람 앞에서 말해 왔다. 처음부터 잘하지 못했다. 누군가를 칭찬하는 것이 어색했다. 감정을 표현하는 것도 서툴렀다. 그래서 생각해 낸 방법이 억지로 하지 않기였다. 그냥 내 마음을, 있는 그대로 자연스럽게 즐기는 마음으로 전하자고 마음먹었다. 놀랍게도 그때부터 강의도 달라졌다. 그렇게 해보니 내 마음이 편안했다. 자연스럽게 웃음이 많아졌다. 청중과의 거리가 가까워지는 것을 느꼈다. 욕심을 버리고 즐기겠다는 생각이 들었다. 그런 태도가 훨씬 강력한 효과가 있다는 걸 그제야 깨달았다.

우리는 왜 표현을 억지로 하게 될까? 그런 경우의 대부분은 잘 보여야 한다는 압박 때문일 때가 많다. 실수하지 않고, 멋지게 보이려고 하다 보니, 마음과 입이 따로 노는 경우가 많다. 진정성은 기술에서 오는 것이 아니다. 진정성은 목소리, 표정, 자세, 온몸으로 느껴진다. 말을 유창하게 한다고 해서 진정성을 느끼는 게 아니다. 자세가 불안해 보인다고 진정성이 안 느껴지는 것도 아니다. 진정성은 그 어떤 기술과 상관이 없다. 생각해 보라. 진정성은 누워서 눈감고 말해도 느낄 수 있다. 왜냐하면, 그것은 속에서 우러나기 때문이다. 그 진정성이 즐기는 데서 시작되면 금상첨화다. 표현하는 것도 즐겨야 한다. 내가 즐기지 않으면 상대도 즐겁지 않다. 내가 억지로 웃으면 상대는 불편하다. 반대로 내가 진심으로 즐기며 말을 건네면, 그 에너지는 고스란히 전달되어 상대의 마음을 움직일 수 있다.

누군가 당신에게 '당신 덕분에 행복했어요.'라고 했을 때, 그 말이 진심으로 느껴진다면, 그 말은 고도로 훈련된 기술을 사용한 말이 아니라 진심으로 한 말이다. 그 진심을 표현했기 때문에 당신이 진심이라고 느낀다. 즐기는 사람은 꾸미지 않는다. 억지로 감동을 유도하지 않는다. 진심은 거리낌이 없이 표현해야 한다. 상대를 존중하는 마음으로 표현하기를 주저하지 말아야 한다. 그런 적극적인 말과 태도로 마음을 진솔하게 전해야 한다.

표현을 즐기는 것은 곧 삶을 즐긴다는 뜻이기도 하다. 우리는 하루에도 수많은 희로애락의 감정을 느낀다. 그 감정을 느끼고도 표현하지 않으면 그저 스쳐 가는 감정이 된다. 표현하지 않는 감정은 결국, 사라지고 만다. 반면, 표현했을 때는 감정이 살아 있게 된다. 즐기는 마음으로 하는 감정 표현은 관계에 더욱 깊은 뿌리를 내리게 한다.

한 예로, 나는 감사하다는 표현을 즐기는 편이다. 커피를 타 준 동료에게, 문을 잡아준 사람에게도, 나를 위해 마음을 써준 사람에게 반드시 고맙다고 말한다. 하다 보니 어느 순간부터 표현이 나를 더 행복하게 만든다는 걸 알았다. 억지로 한 말은 스트레스를 남기지만 즐기는 표현은 나 자신을 행복하게 하고, 인간관계도 풍요롭게 한다. 표현하기를 의무로 여기면 부담이 되지만, 놀이처럼 여기면 기쁨이 된다. **표현은 나와 세상이 연결되는 통로이자, 나를 가장 나답게 드러내는 방법이다.**

'저는 표현이 서툽니다.'라고 말하는 사람을 자주 본다. 그럴 수 있다. 서툴러도 괜찮다. 심지어 잘하려고 하지 않아도 된다. 다만, 진심이면 된다. 상대는 표현을 잘하는지 못하는지를 보지 않는다. 다만 진심이 느껴질 때, 나를 인정하고 받아들인다. 부족하고, 잘하지 못해도 진정성이 느껴지는 그런 표현은 상대에게 충분하게 전달된다. 단 한마디의 말도, 억지보다 즐거운 마음이 깃든 표현은 진심으로 와닿는다. 나도 처음에는 조심스러웠다. 괜히 상처 줄까 봐, 오해받을까 봐, 말한마디 꺼내는 데도 많은 생각을 했다. 그렇게 표현을 미루다 보면, 결국 아무 변화도 일어나지 않는다는 사실을 알게 되었다. 지나치게 염려하고, 조심하면 마음만 더 멀어질 뿐이다.

배려라는 이름의 침묵

자기의 생각과 마음을 솔직하게 드러내는 것은, 관계를 만들고 키우는 힘이다. 물론 서툴고 어색할 수 있다. 하지만 표현하는 일은 연습할수록 자연스러워진다. 조심스럽게 피하기보다, 이젠 솔직하게 부딪히고 마음을 나누는 걸 연습해야 한다. 표현할 때는 용기가 필요하다. 습관처럼 할 수 있을 때까지 연습해야 한다. 즐긴다는 마음으로 하다 보면 자연스러워진다. 말은 쉽지만, 막상 하려면 잘 안 된다. 그럴 때 내가 했던 방법이 있다. 마음을 표현하기 전에 미리 말하는 방법이다. 예를 들면, "나, 이 말 하려니까 떨리고 부끄럽지만 그래도 할게."라고 시작하면 훨씬 덜 어색하고 두려운 마음이 사라진다. 이 방법은 생각보다 훨씬 좋다. 말하고 난 후에 내가 하는 염려들을 말끔하게 해소하는 장치가 되어준다. "남들이 나를 어떻게 생각할까?" 하는 염려를 내려놓게 하는 아주 명쾌한 방법이다. 그렇게 하다 보면, 오히려 자꾸 표현하고 싶어진다. 표현하는 것이 이제는 두려운 일이 아니다. 나를 보여주다 보면 누군가를 향해 마음을 전하는 일이 조금씩 즐거워진다.

지금까지, 내가 좋아하는 사람을 만나고 싶은 마음은 진작에 하늘에 닿았지만, 여전히 세월만 보냈다. 이제는 머뭇거리지 않기로 했다. 그 사람을 향한 나의 마음이 진심인지 예의를 차리기 위함인지 생각해 보면 금방 알 수 있다. 진실한 마음은 묻어두지 않기로 했다. 나답게 표현하는 순간을 기꺼이 누리며 살려고 한다. 마음을 드러내는 것을 두려워하지 않는다. 완벽하게 하려는 강박도 내려놓자. 내 감정을 즐기며 꺼내 보자. 나의 기쁨과 감사와 사랑이 말이 되고, 표정이 되고, 손짓이 되어 세상과 만나는 순간을 즐기자.

표현은 즐길 때 비로소 보배가 된다. 표현은 기술이 아니라 예술이다. 삶의 향기요 관계의 윤활유이며, 가뭄의 단비다. 억지로 하는 향기는 쉽게 날아가지만, 즐기며 뿜어낸 향기는 오래도록 남는다. 우리가 사는 세상을 표현의 향기로 채우자.

당신이 가장 즐기며 할 수 있는 표현은 어떤 표현인가요?

감정 · 표현 · 인식 편

이 워크북은 당신의 말 습관을 점검하기 위한 실습 페이지입니다. 무심코 사용하는 표현이 상대에게 어떤 감정으로 전달되는지 체크하고, 관계를 살리는 대안 표현을 연습해 보세요. 한 문장만 바꿔도 대화의 흐름과 관계의 온도가 달라집니다.

[1단계] 이런 표현, 쓰고 있지 않나요?

아래 문장 중 내가 사용하는 문장이 있나 확인해 보세요. (✔ 체크)

"그건 네가 너무 예민한 거야." ☐

"내가 틀린 말 했어?" ☐

"그 정도로 화낼 일은 아니잖아." ☐

"왜 그렇게까지 생각해?" ☐

[2단계] 이 표현이 상대에게 어떻게 들릴까요?

내가 무심코 던진 말을 상대는 다르게 받아들일 수 있습니다. (✔ 체크)

무시당한다고 느낀다. ☐

내 감정이 부정당한 느낌이다. ☐

대화하고 싶지 않다. ☐

방어적으로 변한다. ☐

[3단계] 이렇게 바꿔 말해보세요.

역지사지의 심정으로 표현을 바꾸면 대화의 결이 달라집니다. (✔ 연습)

"그건 네가 너무 예민한 거야."

→ "그렇게 느낄 수 있겠다는 건 이해해."

"내가 틀린 말 했어?"

→ "내 말의 뜻을 다시 생각해 줄 수 있어?"

"그 정도로 화낼 일은 아니잖아."

→ "네가 화를 낼 만도 하네."

"왜 그렇게까지 생각해?"

→ "어떤 부분이 가장 마음에 걸렸어?"

기억할 문장

**말은 사실을 전하지만, 표현은 관계를 결정합니다.
표현이 바뀌면, 대화의 온도도 함께 달라집니다.**

PART 2

말하지 않은 대가로
무너진 관계들

01

오해는 말하지 않은
해석에서 자란다

우리는 사실 때문에 다투는 것이 아니라, 해석 때문에 다툰다.

– 미셸 드 몽테뉴 (Michel de Montaigne)

말하기보다 끝내고 싶었던 순간

"아버님, 잠깐 통화할 수 있으실까요?" 아들이 초등학교 3학년이던 어느 날, 다니는 학원 선생님으로부터 걸려 온 전화다. 수업 중에 껌을 씹던 아들에게 선생님은 껌을 뱉으라고 했다. 쓰레기통으로 간 아들은 손을 휙 뿌리치듯 거친 행동으로 껌을 버렸다고 했다. 그 행동이 선생님이 보기에 몹시 반항적으로 보여 괘씸했다는 말투로 보아, 아이의 태도가 무례했구나 싶었다. 전화를 끊고 가만히 앉아 상황을 상상해 보았다. 그리고 한참을 앉아 있었다. "이상하네, 그럴 애가 아닌데." 몇 번이나 속으로 중얼거렸다. 선생님의 말씀만 듣고 오해가 있을 거라고 말하기도 그렇고, 그렇다고 그냥 넘길 수도 없었다. 학원을 마치고 집에 온 아들에게 물었다.

"오늘 학원에서 전화 왔던데, 무슨 일 있었냐?" 아들은 별일 아니라는 표정으로 수업 시간에 껌을 씹었고, 휴지통에 껌을 버리려고 했는데 껌이 손가락에서 붙어서 안 떨어져서 힘주면서 뿌렸을 뿐, 일부러 그런 게 아니라고 말했다. 선생님께 사실대로 말했느냐고 묻자, 그 선생님은 말해봤자 안 믿는다고 했다.

나는 마음이 복잡했다. 문제는 아이의 행동이라기보다, 오해가 만들어지는 상황이었다. 한쪽은 화가 나 있었고, 한쪽은 억울했지만, 서로의 말을 주고받지 않은 채 상황은 태도의 문제로만 남았다. 표현하지 못한 말이 오해로 커져 버렸다. 아들의 말속에는 억울함이 묻어 있었다. 내가 생각하기에는 아들의 입장은 전혀 생각하지 않고, 단지 선생님이 본 것만으로 평가한다는 느낌이 들었다. 그렇다고 해서 아이가 옳았다고 생각하지 않는다. 상황을 좀 더 차분하게 설명하거나 오해가 생기지 않게 행동할 수도 있었을 테니까. 하지만 그 나이의 아이가 감정을 완전하게 다루기는 쉽지 않았을 거라는 생각도 들었다. 그날 저녁 많은 생각을 했다.

문득, 나의 어린 시절이 떠올랐다. 말하지 못해 속으로 삭였던 때가 많았다. 누군가에게 억울하다고 소리치고 싶었지만, '괜히 말해봤자'라며 입을 닫았던 일들도 있었다. 그 침묵은 나를 더 강하게 만든 것이 아니라, 오히려 표현하려는 용기를 짓눌러 버렸다. 어른이 되어서도 누군가가 오해하면 그냥 참고 넘어가려 했고, 그러다 보니 어느 순간 부터는 나조차도 내 감정을 설명하지 못하게 되었다.

설명하지 못한 표현이 낳은 상처

내가 중학교 2학년 때의 일이다. 학교 수업을 마치고 종례 시간이 되었다. 교실로 들어오는 담임 선생님의 손에 출석부와 내 일기장이 들려 있었다. 일기장 검사를 하는 날이다. 검사를 마친 일기장을 돌려받을 때, 내 일기장이 보이지 않아 궁금하던 참이었는데, 일기 잘 썼다는 칭찬하려고 따로 들고 오셨나? 싶었다. 나는 교내 백일장에서 상을 타기도 했고, 전에도 내 일기를 읽어주며 일기는 이렇게 쓰는 거라고 했던 적이 있었기 때문에 들었던 생각이다. 교실에 들어선 담임의 표정이 심상찮아 보였다. 담임의 표정은 매운 고추를 먹은 얼굴 같았다. 고개를 숙인 채로 아랫입술을 내밀고 바람을 얼굴 쪽으로 훅하고 부니 긴 앞 머리카락이 펄럭거렸다. 담임은 창백하도록 하얀 피부에 터질듯한 허벅지, 큰 키에 균형 잡힌 몸매와 수려한 외모에 날카로운 눈매답게 한 성질 하는 선생님으로 악명이 높았다.

교탁 위에 출석부와 내 일기장을 털썩 던지듯 내려놓더니 단호한 어조로 "최호용이 앞으로 나와!" 나는 얼떨결에 불려 나갔다. 선생님은 대뜸 "이게 뭐야?"라며 손가락으로 일기장을 가리켰다. "네가 직접 읽어 봐!" 나는 일기장 표지 상단에 굵은 글씨로 써 놓은 문장을 기어들어 가는 소리로 읽었다. "남의 일기를 보려 애쓰는 자는, 도둑의 심보를 가졌느니라." 순간, 아이코, 큰일 났구나! 싶었다. 내가 그걸 쓴 이유는, 작은 누나의 일기를 큰누나가 훔쳐보고 놀리자, 작은누나가 큰누나 보랍시고 일기장 표지에 써 놓은 글인데, 내가 보기에 마음에 드는 글귀라 따라 써 본 것이다. 그게 담임 선생님의 심기를 제대로 건드렸다. "뭐? 도둑의 심보? 엎드려뻗쳐." 칠판 쪽으로 손을 짚고 돌아서서 다리를 뻗은 나에게 선생님은 '퉤' 하고 손바닥에 침을 뱉더니, 신고 있던 슬리퍼를 벗어들었다. 자동차 폐타이어를 잘라서 만든 슬리퍼는 야무지고 탄탄했다. 선생님은 나를 향해 후려치기 시작했다.

형언할 수 없이 매웠다. 찰진 소리를 내며 슬리퍼가 피부에 달라붙었다가 떨어질 때는 살갗이 벗겨지듯이 쓰라렸다. "뭐? 도둑의 심보? 그게 할 소리야?" 머리, 얼굴, 어깨, 등, 허리, 다리… 고꾸라져 넘어져도 사정을 봐주지 않았다. 나는 순간 이러다 죽을 수도 있겠구나! 싶었다. 아무려면 내가 선생님 보랍시고 그걸 썼겠는가? 그런 뜻이 아니라고 '누나의 글을 흉내 낸 것'이라고 말하고 싶었지만, 변명이나 해명할 겨를도 없이 매타작이 계속됐다. 슬리퍼로 뺨을 맞았을 때는 두 눈알이 튀어나와 턱 아래에서 덜렁거리고, 머리는 교실 천장에 둥둥 떠 있는 거 같았다. 아픈 것도 아픈 거지만, 학급 동료들이 보는 앞에서, 쥐구멍에라도 들어가고 싶었다.

지금 생각하면, 그 후에라도 담임을 찾아가 자초지종을 말했다면 어땠을까? 어차피 매는 맞았지만, 오해는 풀었어야지 싶지만, 그때는 그런 머리도 없었다. 그날의 충격은 지금도 잊히지 않는다. 다시 생각해도 그 일이 그렇게까지 두드려 팰 일이었나 싶다.

침묵 대신 책임 있는 한마디

아들의 상황을 보며 나는 생각했다. 오해는 표현하지 못함에서 시작된다. 그리고 그 오해는 표현하지 않는 태도에서 생긴다. 습관적으로 단정해 버리는 선생님의 말투와 반응으로 아이는 마음을 미리 닫아버렸고, 믿음이 없다는 생각으로 입을 다물어버렸다. 선생님이나 아이나 어느 쪽도 악의적으로 행동하지 않았지만, 서로의 말을 듣지 않았기 때문에 생긴 오해. 그게 바로 이 사회, 이 교실, 그리고 수많은 관계와 가족 안에서 빈번히 일어나는 일이다. 나는 그날 아들과 함께 오랫동안 이야기했다.

"네가 어떻게 느꼈는지도 중요하고, 선생님의 관점에서 그 행동이 어떻게 보였을지도 생각해 보자."

"다음에는 오해가 생겼을 때, 용기 내서 네 마음을 솔직하게 말하거라. 앞으로 살아가면서도 그렇게 해야 한다. 이것은 매우 중요한 일이다."

아들의 어깨를 다독여 주었다. **표현은 타인의 눈치를 보지 않을 때**

비로소 진짜 자신의 말이 된다.

'무엇을 말할까?'보다 '어떻게 보일까?'를 먼저 걱정하다 보면, 정작 내가 하고 싶은 말은 언제나 뒤로 밀린다. 표현은 용기이자 책임이다. 모두에게 맞추려고 할 필요 없다. 이제 더는 움츠리지 않고, 생각과 감정을 존중하는 것, 그것이 소신 있는 표현의 시작이다. 말할 자격은 누구에게나 있다. 나 역시 그 자유를 누릴 수 있는 사람이다. 표현은 때로 용기가 필요하다. 믿음이 없는 사람 앞에서는 더더욱 그렇다. 아이들의 표현을 가볍게 여기지 않는 어른들이 많아지기를, 선입견보다 호기심으로 아이들을 바라보는 선생님이 많아지기를 간절히 바란다. 참았던 말이 커져서 오해되지 않도록, 그 마음을 듣는 사람이 되어 주는 사회. 우리가 함께 만들어야 할 표현하는 세상이다.

오늘의 표현 점검

표현하지 못해 상처받았던 적이 있었나요?

02

부모의 말과 태도가
아이와의 거리를 만든다

아이들은 부모의 말을 따르는 것이 아니라, 부모의 모습을 따른다.

– 마하트마 간디 (Mahatma Gandhi)

말보다 먼저 보인 태도

첫째가 딸이고, 둘째가 아들이다. 나는 아이들과 멀어진 건 아니다. 그렇다고 부모와 자식 사이에 벽이 없는 것처럼 지내는 집에 비할 순 없다. 하지만 분명한 것은, 아이들이 성인이 된 후에는 아무래도 어렸을 때보다 조심스럽고 어려운 부분이 없지는 않단 것이다. 아이들과 멀어졌다고 하면 극단적인 표현이고, 소원해진 면이 있다고 하는 것이 맞겠다. 돌이켜보면, 아이들과 그렇게 된 이유는 단순하지 않다. 사랑하지 않은 것도 아니다. 애정이라면 세상 여느 아버지 못지않게 넘친다. 그러니 아이들을 무심히 대하려고 작정한 것도 아니었다. 결국, 소통의 부재와 표현의 한계가 아이와의 사이를 만들었다. 그중에서 가정

환경이 크게 한몫했다.

　아버지는 어떤 존재인가! 흔히들 "아버지답다."라고 한다. 아버지다운 무게와 권위로, 가장으로 역할을 다해야 한다고 말한다. 하지만 나는 달랐다. 나는 내 아버지를 닮고 싶지 않았다. 그야말로 다정하고 부드러운 아버지, 곁에 있는 것만으로도 힘이 되는 그런 아버지가 되고 싶었다. 부모와 자식 간의 소통 문제는 어느 한 시기의 문제가 아니다. 성장기의 환경이 무엇보다 중요하다.

　나는 초, 중, 고등학교 진로 캠프 수업을 수년간 진행하면서 아이들의 성향을 눈여겨본 경험이 있다. 평소에 말이 많고, 목소리가 크고, 친구들에게 인기가 많은 아이의 공통점이 있었다. 그것은 부부 사이가 좋은 집 아이들일 가능성이 크다. 그리고 대체적으로 부모님과 대화를 많이 하는 아이들이다. 그런 집의 아이들은 목소리에 힘이 들어가 있다. 걸음걸이가 빠르고 보폭이 넓다. 수업 시간에 손도 잘 든다. 그것은 곧 자기 생각을 말하기를 좋아한다는 뜻이기도 하다. 그런 아이들은 가정에서도 소통을 잘한다고 스스로 말한다. 내가 우리 아이들과 소원해진 이유를 생각해 보면, 앞에서 말한 그런 환경을 만들어 주지 못했다. 나는 아이들에게 친절할 때도 있지만, 한결같은 아버지는 아니었다. 다시 말해 기분 좋을 땐 자상한 아버지였지만, 화가 날 때는 내가 가장 싫어하는 내 아버지 같은 아버지가 되곤 했다.

　아이들이 어렸을 때, 허구한 날 부부싸움을 했다. 아이들은 늘 불안

했을 것이다. 어린 시절 내가 겪었던 그 진저리 쳐지는 상황이 똑같이 벌어지곤 했다. 지금 생각하면 한심하기 짝이 없다. 그 트라우마가 아이들의 성장에 치명적인 상처가 된다는 사실을 머리로만 알았다. 한마디로 그 시절의 나는 무지하고 형편없는 아버지였다.

둘째 아이가 초등학교 2학년, 첫째가 중학교 1학년이 되던 해에 결국 이혼했다. 아이들은 엄마의 집과 아빠의 집을 오가며 정서적으로 안정을 찾지 못했다. 불안한 시간은 아이들이 대학을 마칠 때까지 계속됐다. 결국에는 나 혼자 두 아이를 챙기며 공부시켰다. 엄마가 없는 집은 내가 상상할 수 없는 영역이다. 내가 겪어 보지 못한 환경이다. 아이들이 얼마나 힘들었을지 안다고 감히 말할 수 없다. 다만 짐작할 뿐이다. 그 생각만 하면 죄스럽다. '엄마 없는 티' 내지 않게 한다고 했지만, 내가 아무리 잘해도 엄마의 빈자리는 채울 수 없었다. 아버지 밑에서 삼시 세끼를 먹는 거보다, 하루 한 끼를 먹어도 아이들은 엄마가 키워야 한다는 걸 절실하게 느꼈다. 그런데도 아이들은 반듯하게 자라주었다. 아이들은 속이 깊다. 딸아이는 워낙 활달하고 자기표현도 잘하는 데 반해, 아들은 쉽게 속을 드러내지 않는 편이다. 지금은 딸과는 대화도 잘하고 자주 연락하지만, 예전보다 아들과의 연락이 뜸해진 건 사실이다. 하지만 그렇다고 사이가 멀어지거나 소통이 끊어진 것은 아니다.

나는 아이들이 무엇을 하든 간섭하지 않는다. 그렇다고 방관하는 것은 아니지만, 스스로 선택하고 결정하는 것을 존중한다. 아이들 안부가 뜸할 때는 내가 먼저 연락한다. 오늘따라 네가 보고 싶다는 문자를 보내기도 한다. 누구나 그렇겠지만 나는 언제나 아이들을 사랑했다. 그것도 고려한 사랑이 아니라, 말로, 손길로, 표정으로 드러내는 사랑이다.

유려한 부정(父情)

어릴 적부터 아이들에게 사랑한다는 말을 입에 달고 살았다. 아이들이 학교에서 돌아오면 안아주고 쓰다듬어 주었다. 아이가 잘못하면, 혼낸 뒤에는 아버지는 언제나 네 편이라는 말을 잊지 않았다.

지금 생각하면 내 딴엔 잘한다고 했지만, 아이들에게는 전혀 전달되지 않는 나 혼자만의 방식의 사랑이 아니었을까 싶을 때도 있다. 아마 그건 내 아버지로부터 받지 못한 사랑을 아이에게는 주고 싶었기 때문일 것이다. 그러면서도 아들이 중학교 다닐 때도 손을 잡고 다녔다. 한 번은 식당에 갔다. 우리는 식탁에 마주 보고 앉지 않고 나란히 앉아서 아들의 손을 잡고 있었다. 그때 아들이 아는 여학생이 식당에 들어오는 것을 보고 "아, 아, 아버지, 아버지." 하더니 여학생의 눈치를 보며 잡고 있던 내 손을 놓고 옆으로 떨어져 앉았다. "야, 이놈아, 누가 보면 어때서? 본래, 아들은 아버지 거야!"라고 했다. 한 번은 아들이 이렇게 말했다. "아버지, 내 친구들이 아버지랑 전화 통화하는 거 보고 나도 저런 아버지랑 한 번 살아 봤으면 좋겠다고 했어요." 그러길래 "친구들 아버지는 어떻길래?" 하고 물으니, 전화할 때 세 마디 이상 안 한다고 했다. 그때도 역시 남들이 보기엔 무척 다정한 아버지 같았지만, 실은 한결같지 못하고 찌그러진 방식의 사랑이 아니었나 싶다.

아이들과 허물없이 지내려고 무척 노력했다. 뭔가 좀 다른 아버지가 되고 싶었다. 특별한 아버지가 되고 싶었다. 그렇게 하면 되는 줄 알았다. 하지만 살아보니, 아이들에게 가장 훌륭한 교육은, **아이들이 보는 앞에서 엄마 아빠가 서로 아끼며 사랑하는 모습을 보여주는 것, 그 이상의 교육은 없다고 생각한다.**

나는 8년 동안 교육청 학부모 강의를 했다. 그때마다 부모 교육에 대해 강조했다. 결혼은 왜 해야 하는지, 부모가 되려면 어떤 준비를 해야 하는지 몰랐다고 말한다. 얼떨결에 결혼했고, 아이들이 태어났다. 좋은 것 먹이고, 좋은 옷 입히고, 좋은 집에서 살면 좋은 부모가 되는 줄 알았다. 지금 생각하면 얼마나 한심한 발상이냐고 덧붙였다.

부모 교육은 부모가 되어서 하면 이미 늦다. 청년기 이전에 필수적으로 해야 한다. 결혼의 이유와 가족의 의미는 개인의 선택 이전에 교육의 문제다. 초등학교 때부터 인성과 철학적 사고를 소양으로 배운 사람이 가정을 이루고, 아이를 키우며, 교육과 정치를 담당해야 한다고 생각한다. 그런 교육을 받은 부모의 자식이, 자식의 자식을 낳고, 대를 잇고 세대를 이어야 세상이 바뀐다.

가정 교육은 아이들 인생의 초석이다. 말보다 먼저 배우는 것이 부모의 태도이며, 존중과 책임감 같은 삶의 기본은 집 안에서 형성된다. 부모가 될 준비 없이 아이를 키울 수 없다. **가정 교육이 바로 서지 않으면, 어떤 교육도 온전히 뿌리내리기 어렵다.**

부모와 자식 간의 관계가 멀어졌을 때, 가장 필요한 것은 무엇일까요?

03

두 번의 상처,
두 번의 침묵

내 인생에 이혼은 결단코 없을 것이라 믿었다. 결혼을 결심했을 때, 죽음이 갈라놓을 때까지 약속을 지킬 자신이 있었다. 나는 책임감이 강한 성실한 사람이었다. 무엇보다 사랑을 아낌없이 주는 사람이라고 자부했다. 그런데 사랑만으로는 갈등을 덮을 수 없다는 걸, 너무 늦게 깨달았다.

아내와는 일곱 살 차이가 났다. 그녀는 나의 자상함과 든든함을 좋아했고, 나는 그녀의 의젓하고 알뜰한 성품을 사랑했다. 하지만 결혼이라는 이름으로 함께 살다 보니, 그녀의 의젓함은 고집으로, 나의 든든함은 답답한 권위로 변해 있었다.

사소한 일로 자주 부딪쳤다. 취향이 달랐다. 생각하는 방식도 달랐다. 내가 "이건 이렇게 하는 게 낫지 않을까?"라고 하면, "왜 당신 마음대로야? 나는 내가 좋을 대로 할 거야!"라며 맞섰다.

나는 언제나 참는 쪽이었다. 일곱 살의 나이 차이로 우리는 서로 힘들었다. 내 집에서 겪는 고충은 세상 어디에도 털어놓을 곳이 없다는 것도 그때 알았다. 사흘이 멀다고 속이 문드러졌다. 남자인 내가 더 넓은 마음을 보여야겠다고 마음먹었지만, 나도 그리 너그럽지 못했다. 그녀는 이혼이라는 말을 입에 달고 살았다. 그 말을 멈추지 않으면 우리는 가혹한 대가를 치르게 될 것이라고 수없이 타일렀다. 지금 생각하면, 그녀도 이혼을 원해서가 아니라, 진짜 이혼할지도 모른다는 두려움 때문에 뱉은 말이 아니었을까 싶다. 하지만, 그 생각을 그때는 하지 못했다. 다시는 그런 말을 입에 올리지 말라고 하면, 그녀는 "내 입에서 그런 말이 안 나오게 하라."는 식으로 맞섰다.

그 사람도, 나도 나무랄 데 없는 사람이었지만, 유독 두 사람의 의견 대립이 늘 문제였다. 어쩌면 그렇게 지독하게 싸웠을까? 무엇을 지키기 위해 그토록 한 치의 물러섬이 없었을까? 너무도 어리석었다. 내 어머니께서는 "너희들이 아직 생 속이라 그렇다."라고 하셨다. 누군가를 위해 한 번도 속을 썩어 보지 않은 생 속. 오로지 자신밖에 모르는 어리석음 때문에 치러야 했던 전쟁 같은 세월이었다. 그 터널을 어떻게 빠져나왔는지 지금 생각해도 아찔하다. 지금 알고 있는 표현의 소중함을 그때 알았다면, 지금쯤 다르게 살지 않을까! 라는 생각이 든다.

버티는 것이 아니라 살아내던 날들

첫아이가 태어났을 때, 나는 또 한 번 다짐했다. 이제 아이 앞에서 싸우지 말자, 좋은 부모가 되자고 서로 맹세했다. 하지만 이사 갈 때마다 동네 사람이 다 알도록 크게 싸웠다. 싸우지 않는 날이 3일 지나면 불안했다. 사는 게 지옥이구나 싶었다. 아이가 세 살이 되던 해, 우리는 결국 갈라섰다. 내가 선택한 건 침묵이었다. 하고 싶은 말이 많았다. 왜 이렇게밖에 할 수 없었는지, 왜 서로에게 더 노력하지 않았는지, 왜 그렇게 쉽게 상처 주는 말만 뱉었는지 묻고 싶었지만, 나는 입을 굳게 닫았다. 해봤자 또 싸운다는 걸 알기 때문이다. 날마다 약속하고, 서약하고, 다짐했지만, 그녀는 화가 나면 모든 약속을 엎어 버렸다.

첫 번째 이혼은 혼란 그 자체였다. 간판 가게를 할 때였다. 네 살이 된 딸을 맡길 곳이 없어 간판 시공하러 갈 때 데리고 갔다. 혼자서 작은 간판을 달면 되는 일이라 나는 바닥에 돗자리를 깔고 아이에게 장난감을 주었다. 간판을 다느라 한눈을 판 사이에 돗자리에 앉아 있어야 할 아이가 보이지 않았다. 가슴이 철렁 내려앉았다. 그때, 아이가 있는 곳을 발견하고 나는 기겁하는 줄 알았다. 제대로 걷지도 못하는 아이가 사다리를 타고 3m 높이까지 올라가 능청스럽게 옹알이하고 있었다. 그뿐이 아니다. 여자아인데도 어찌나 설치는지 가슴 철렁했던 일이 한두 번이 아니다. '내 아이에게 엄마가 없다.'라고 생각하면 날마다 가슴이 무너졌다. 어린아이가 엄마 품을 더 찾는 건 당연했지만, 내가 아무리 좋은 옷을 입히고, 씻기고, 닦아도, 내 눈에는 마치 물기 마른 흙덩이같이 푸석푸석해 보였다. 나는 아이를 위해 재혼을 결심했다. 나도, 아이도 돌봐 줄 누군가가 필요했다. 그렇게 새로운 시작을 준비하고 있을 때, 아이 엄마가 찾아왔다. 나는 망설였지만, 아이를 생각하면 낳아준 엄마가 백 번 낫다고 생각했다. 나는 재혼을 포기하고 다시 합쳤다. 아이를 위해서 못 할 게 없다는 심정이었다. 그 선택이 옳았는지 아닌지는 지금도 모르겠다.

다시 시작한 삶은 처음보다 더 진지했다. 서로를 잘 알기 때문에 더 조심하려 애썼다. 하지만 그것도 오래가진 않았다. **'관계란 이해하는 것이지, 참는 게 아니다'**는 것도 그때 알았다. 어쩌면 이미 서로의 마음이 돌처럼 굳어 있었는지도 모른다. 나이 차이가 크면 아주 좋든가, 나쁘다는데 우린 후자 쪽이었다. 결국은 세대와 성격 차이를 극복하지 못했다. 그 와중에 둘째가 태어났고, 나는 더 깊은 책임감을 느꼈다. 이번에는 잘해보자, 이번만큼은 지키자, 그렇게 다짐하며 견뎠다. 두 번째 합칠 때, 나의 결심은 "하자는 대로 다 해주면서 한번 살아보자."라는 심정으로 시작했다. 어떤 일이 있어도 참아 내겠다고 마음먹었다. 이렇게 말하면 나 혼자 다 잘했다는 말이 되겠지만, 손뼉은 하나만으로 소리가 나지 않는다.

관계를 지키는 가장 소중한 다짐

결국, 같은 사람과 두 번째 이혼했다. 그때도 선택한 건 침묵이었다.

하고 싶은 말이 정말 많았다. 사실 나는 힘들었다. 지쳤다. 나도 사랑받고 싶었다. 그 많은 말들이 목구멍까지 차올랐지만, 끝내 혀 밑에 묻어 버렸다. 그 침묵은 포기였다. 싸울 기운도 남아 있지 않았다. 더 설득할 용기도 사라졌다. 내 마음 한쪽이 죽어버린 것 같았다. 가정을 지키기 위해 많은 부분을 버리기도 했다. 그런데도 왜 그렇게 되었는지, 그 질문은 아직도 내 속을 후벼 판다.

두 번의 이혼과 두 번의 침묵을 지나온 나는 침묵이 늘 현명한 선택은 아니라는 걸 깨달았다. 차라리 그때 좀 더 속에 있는 말이라도 했더라면, 그렇게까지 쉽게 무너지진 않았을지도 모른다. 나는 표현하기를 좋아하는 사람이었고, 다정한 사람이었지만, 갈등 앞에서는 말을 아끼는 쪽을 선택해 버렸다. 그게 더 어른스럽다고 착각했기 때문이다. **사랑은 말과 표정과 행동으로 끊임없이 확인받아야 하고, 갈등 속에서도 더 솔직해야 한다.** 사랑이 있어도 말하지 않으면 없는 게 되고, 말하지 않으면 미움이 되고, 이해한다고 말하지 않으면 오해가 되는 걸 두 번의 이혼을 겪고 나서야 깨달았다.

나는 두 아이의 아버지다. 그리고 그 아이들에게만큼은 침묵하지 않는다. 포기하지도, 죽은 듯이 살지도 않는다. 사랑한다고 말하고, 미안하다고 말한다. 그때 하지 못했던 말들을 아이들에게는 꼭 해주려고 한다. 두 번의 이혼, 두 번의 침묵, 그건 내게 깊은 상처였지만 동시에 내 삶을 돌아보게 하는 거울이 되었다. 다시는 내 사랑하는 사람 앞에서 침묵으로 포기하지 않는다.

내가 자식들에게만큼은 진심을 표현하는 데 주저하지 않으려고 하는 이유는 간단하다. 내가 어떤 태도로 살아가는지를 통해 삶을 배울 것이기 때문이다. 감정을 억누르고 사는 법이 아니라, 따뜻하게 드러내는 용기를 가르치고 싶다. 부모인 내가 먼저 진심을 말하고 보여줘야, 아이들도 자신의 감정을 존중하고 표현할 것이다. 그렇게 할 수 있도록 가르치고 싶다. 아니, 보여주고 싶다. 나는 오늘도 내 말과 행동으로 사랑하는 법을, 공감하는 법을 전하고 있다. 아이들이 결국 살아갈 세상은 표현 없이 버티는 세상이 아니라, 진심을 나누며 살아가는 세상이길 바란다.

오늘의 표현 점검

지금의 관계가 나를 더 잘 살게 하는 방향으로 가고 있다고 느끼나요?

04

솔직함이 항상
친절은 아니다

상처는 숨긴다고 사라지지 않는다. 말할 때 비로소 아물기 시작한다.

– 최호용

사람 속은 말해야 안다, 사랑도 미움도 고마움도 서운함도, 쓰다, 달다, 말해야 알 수 있다. 맞다. 표현하지 않는 감정은 전달되지 않을뿐더러, 오해로 상처를 남길 수 있다. 표현하는 건 맞지만, 그것이 전부가 아니다. 어떻게 표현하느냐가 훨씬 중요하다. 살면서 말로 상처받는 일이 생각보다 많다. 작정하고 한 말에 상처받을 수 있지만, 생각 없이 던진 말에 깊은 상처를 받기도 한다.

나를 지나간 상처

특히 가까운 사람과 상처를 주고받게 되는 이유는 서로를 잘 안다는 무언의 약속 같은 믿음이 깔려있어서다. 만약 상대가 어렵거나 친하지 않다면, 예의를 갖추고 조심하는 경향이 있어서 실수가 적을 수 있다. 가까울수록 함부로 하는 느낌이 들지 않게 해야 한다.

사람마다 감정의 꼭짓점이 다르다. 같은 말인데도 아무렇지 않은 사람이 있는가 하면, 사소한 말에도 민감한 사람이 있다. 이런저런 거 다 생각하면 그냥 입 다물고 있는 게 상책이다. 말은 칼과 같다고 했다. 내가 하는 말이 듣는 사람에게 어떻게 들릴지 한 번쯤, 생각해 볼 필요가 있다. 말하는데 그렇게까지 생각하고 말하느냐고 할 수 있지만, 말의 중요함을 일깨우는 부분이다. 나에게도 말로 인해 상처받은 기억이 있다.

중학교 1학년이던 여름, 형과 누나들은 공부하느라 도회지에서 자취했다. 큰누나는 방학이라 놀러 온 나를 앉혀놓고 수학을 가르쳤다. 그때 형이 "해도 안 되는 놈은 가르치지 마라."라고 했다. 큰누나는 "그렇다고 안 가르치면 어떡해?"라며 내게 계속 공부를 가르쳐줬다. 형은 누나가 오빠 말을 듣지 않았다는 이유로 큰누나의 따귀를 후려쳤다. 누나는 수돗가로 달려가 코피를 닦았다. 나는 형의 멱살을 잡고 흔들고 싶었다. 할 수만 있다면 누나의 코피보다 열 배나 많은 피를 쏟도록 흠씬 패주고 싶었다. 나는 그 후로 형에 대한 마음을 닫고 살았다. 그러나 나이가 들면서 '형은 아버지의 대리'라고 가르친 어머님의 말씀이 생각나, 형제라는 이유만으로도 존중해야 한다고 생각했다. 나뿐만 아니라 우리 형제들은 굳이 말하지 않아도, 형님을 가족 가운데 가장 중심이 되는 사람으로 마음에 두고 있다.

어머니를 요양 병원에 모실 때 병원비를 형제들이 나누어 부담했는데, 나에게는 내지 말라고 했다. 마음의 부담은 됐지만 고마운 마음으로 받아들였다. 몇 년 후, 상속에 관해 의논하던 중 형님이 나에게 "어머니가 요양 병원에 계실 때, 돈 한 푼 안 냈으면서, 의무는 행하지 않고 권리만 찾으려 하느냐?"라는 말을 들었을 때 기가 막혔다. 나도 자식이니 공평하게 부담하겠다고 했을 때, 내 사정 봐준답시고 한사코 마다해놓고, 지금 와서 저런 말 하려고 생색냈었나 싶은 마음에 나는 또 한 번 마음이 무너져 내렸다.

설명되지 않은 마음

큰누나와 작은누나 그리고 나 이렇게 셋이서 해외여행을 준비했다. 패키지여행이라 절차를 마친 상태였다. 사실 이 여행은 처음에 누나 둘만 가기로 한 여행이었지만, 갑자기 큰누나가 나를 데리고 가자고 한 바람에 내가 낀 것이었다. 경비가 1인당 250만 원이었는데 누나들이 내 경비를 100만 원씩 부담하고, 나는 50만 원만 부담하라고 했다. 고마웠다. 몇 해 전에도 이런 방법으로 큰누나와 함께 서유럽에 다녀왔다. 가족 단체 카톡을 주고받다가 무슨 이야기 끝에 "나는 누나들 덕분에 공짜로 여행을 가게 됐으니 횡재했네. 사랑하는 동생을 위해 이왕 내주는 김에 50만 원마저 내주면 좋겠다."라고 한 말이 화근이 되었다. 그 후로 두 사람의 반격이 시작됐다.

"무슨 소릴 하는 거야? 50만 원도 못 내겠다는 거야? 양심이 좀 있거라."

"아니, 그냥 해본 말이야."

"데리고 가려고 했더니, 아예 공짜로 갈 생각을 하네."

"아니, 누나 무슨 말을 그렇게 해? 지금 생색내는 거야?"

"생각이 글러 먹었어."

격앙된 어조로 시작된 대화는 마른 풀밭에 불길처럼 번졌다. 문자로 주고받을 일이 아니라고 생각했다. 가슴에 손을 얹고 천천히 숨을 몰아쉬었다. 다음 날, 우선 작은 누나에게 전화를 걸었다.

"누나, 어쩌다 이야기가 이렇게 되어가는 거지?"

"안 그래도 언니한테 얘기 들었다. 나도 놀랐다, 나는 그 말을 듣고, 야! 내 동생이 이 정도의 인간인가? 싶었다."

"그건 또 무슨 말이야 누나?"

"공짜로 가겠다고 생각한다는 자체가 이해가 안 간다."

"그냥 해본 말이야, 농담이었어."

"그게 농담으로 할 말이야?"

"아니, 농담도 못 해?"

작은누나의 목소리는 점점 높아졌다. 문자로 대화하는 게 한계가 있어서 수습을 해보려 전화를 걸었는데, 혹 하나 더 붙인 꼴이 되었다. 더는 따지고 싶지 않았다. 어쨌든 상황이 그랬을 뿐, 누나들의 마음은 고마운 거였다. 나는 상황을 마무리를 짓고 싶었다. 어쨌든 상대는 고마운 누나들이다.

큰누나에게 전화를 걸었다.

"너는 왜 그 모양이야? 왜 매번 덕만 보려고 하는 거야?"
"누나, 무슨 말을 그렇게 해?"
"누나, 이번 여행과 상관없이 내가 하나 물어보자. 동생을 공짜로 여행시켜 주는 일은 있을 수 없는 일이야?"

작은누나는 나를 위해서라면 입에 든 것도 내줄 사람이고, 큰누나는 형제가 있는 이유는 어려울 때 서로 도우라고 있는 거라고 하는 사람이다. 그런 누나들과 감정의 꼬리를 무는 대화를 계속할 수 없었다. 오해를 남긴 말이 전부가 아니라, 그로 파생된 말들이 창과 칼이 되어 자존심에 생채기를 냈다. 가족인데, 형젠데 어떻게 이런 말을 듣게 되나 싶었다. 지금까지 내가 받은 호의가 빚으로 느껴졌다. 내가 옹졸한 사람일까? 가족끼리 한 번씩 감정이 상하기도 하고, 시간이 지나면 없던 일이 되기도 한다. 그러나 자존심에 상처받으면 문제는 다르다. 가족인데 왜 더 쉽게, 더 크게 상처받게 되는 걸까? 돌아선 마음이 미워서 만은 아니다. 가족이 등을 돌리는 심정을 알 것 같았다. **상처를 반복하는 사람이라면, 혈연도 이유가 되지 않는다. 관계는 피보다 존중이 먼저다.** 마음의 평정을 지키기 위해서 가끔 돌아앉아 있는 것도 방법이다. 형제란 시간이 지나면 그리워지기 마련이다.

형제간의 분쟁은 이길 문제가 아니라, 마음에 두지 말아야 할 문제입니다.

05

관계는 말이 멈출 때부터
숨이 막힌다

말하지 않겠다는 선택은, 관계에서 한발 뒤로 물러나겠다는 선언이다.

– 최호용

나는 사람들을 만나는 일을 오래 해왔다. 강연장에서, 행사장에서, 혹은 초대받은 강의실에서, 내가 하는 이야기는 늘 비슷하다. "사람과 사람 사이에는 소통이 중요합니다. 마음을 표현하는 것이 관계의 숨통이니까요." 이 말을 하면 많은 사람이 고개를 끄덕인다. 하지만 질문 시간에는 꼭 이런 말이 나온다. "선생님, 저는 괜히 말 꺼냈다가 상처받거나 관계가 틀어질까 봐, 그냥 참고 넘어갑니다.", "말했다가 더 멀어졌어요." 그런 말을 들을 때마다 꼭 이 이야기를 들려준다.

몇 해 전, 강연을 마친 뒤 한 참석자가 말을 걸어왔다. 그분은 칠순을 넘긴 어르신이었다. "저는 지금 제 자식들이랑 사이가 안 좋습니다. 가슴에 있는 말을 못 하고 살다 보니, 이제는 무슨 말을 해야 할지도 모르겠습니다. 오늘 강사님 말마따나 '미안하다.', '사랑한다.' 그런 말만 할 줄 알았어도 이렇게까지는 안 됐을 텐데, 그게 뭐가 어렵다고 그걸 못 했습니다." 서글퍼하던 그분의 표정이 아직도 잊히지 않는다. 말을 멈추면, 관계도 멈춰버린다는 걸 그분도 뒤늦게 깨달았다.

소중한 쪽이 먼저 말한다

나도 강연을 시작하기 전에는 비슷한 실수를 한 적이 있다. 좋아하고 존경하던 선배와 오랫동안 좋은 관계를 유지해 왔다. 하지만 어느 날 작은 오해가 생겼다. 나는 섭섭한 마음에 그분께 전화하지 않았다. '먼저 연락하겠지.', '말 안 해도 내 마음을 알겠지.' 그렇게 몇 달이 흘렀는데 우연히 만난 자리에서 그분이 이렇게 말했다. "호용 씨, 내가 뭔가 실수를 한 거 같은데, 서운했다면 미안하네요." 그 한마디에 내가 더 미안했다. 내가 먼저 말해야 했다. 섭섭했다고, 그래도 여전히 존경한다고, 우리 관계를 계속 이어가고 싶다고 말해야 했는데 때를 놓쳐버렸다.

살다 보면 멀어지기 싫은 사람이 있다. 이 사람과는 좋은 관계로 끝까지 가고 싶은 그런 사람이 있다. 그분이 바로 나에게 그런 사람이었는데, 나의 소극적인 마음 때문에 소중한 인연을 하마터면 놓칠 뻔했다. 다행히 그분이 먼저 손을 내민 덕분에 관계가 이어졌다. 그때 무척 미안했다. 먼저 표현하라고 외치고 다니는 강사의 체면이 말이 아니었다. 표현하지 않으면, 그 침묵이 오히려 상대를 멀어지게 만든다. 그런 침묵은 '나는 당신이 먼저 반응해 오기를 기다리고 있다.'라는 생각으로 이어질 가능성이 무척 작다. 오히려 '나는 당신과의 소통을 원하지 않는다.'라는 생각으로 이어질 가능성이 크다. 사실이 그런 것이 아니라면 이 얼마나 엄청난 오해인가 말이다. 그때, 그 선배가 먼저 미안하다고 했을 때, 내가 그를 외면하고 있는 동안 그는 때때로 나와의 조우를 기다렸을지도 모른다고 생각하니 미안한 마음이 더 컸다. 마음속에 남아 있는 말이 많아질수록, 사이를 가로막는 벽이 높다.

가까이 있는 사람에게 먼저 말하라

강연장에서 청중을 향해 자주 묻는다. "오늘 여기 오기 전에 누군가에게 '고맙다', '미안해'라고 말한 분 계십니까?" 그러면 대개 손을 들지 않는다. 다들 바쁘고 어색해서 또는 알겠지, 하는 마음에 표현을 미뤘기 때문이다. 하지만 표현하지 않은 마음, 전하지 않은 마음은, 결국 관계에 틈을 만든다. 한 번은 어떤 청년이 "선생님, 저는 부모님이랑 사이가 안 좋아요. 마음은 늘 감사한데, 막상 보면 잔소리만 하게 됩니다. 그래서 그냥 피합니다. 대화가 거의 없어요."라고 자기 이야기를 꺼냈다. 나는 그 청년에게 이렇게 말했다. "꼭 거창한 말이 아니어도 됩니다. 식사 자리에서 '맛있다.' 한마디라도 하세요. '고생이 많으셨다.'라고 해도 됩니다." 관계는 표현을 멈추는 것이 문제이지, 굳이 대단한 말이 아니어도 괜찮다. 때로 소소한 한마디가 관계를 살아나게 만든다. 표현은 관계의 숨통이다. 숨을 쉬어야 살아가듯, 마음도 표현되어야 관계가 이어진다. 흔히 '말 안 해도 알겠지.'라고 하지만, 말 안 하면 진짜 모른다.

"아빠는 너희가 있어 정말 행복해, 아빠는 너희를 사랑해." 아이들은 처음엔 웃으며 장난스럽게 받아치지만, 그 말 덕분에 우리 사이가 쉽게 멀어지지 않는다는 걸 깨달았다. 표현하는 게 어색하다고 멈추면 사랑하는 사람과도 금세 서먹해지고 만다. 그러니 더 어색해지기 전에, 더 늦기 전에, 더 자주 말해야 한다. 인간관계는 표현으로 이어진다. 침묵으로는 절대 이어지지 않는다.

말을 멈추면 관계도 멈춘다

나에게 물심양면으로 힘이 되어주던 친구가 있었다. 함께 있을 때는 의지가 되어 좋았다. 삶의 많은 순간을 함께했다. 하지만 그런 친구와도 가끔 마주 달리는 기차처럼 격하게 부딪히곤 했다. 생각이 다를 때 그 친구는 이렇게 말했다. "내가 이렇게 행동한 건, 네가 이유를 제공했기 때문이야." 그는 자신의 잘못으로 문제가 생기면 항상 남의 탓으로 돌렸다. 내 생각은 달랐다. 상대방이 어떤 이유를 제공했든, 그 행동의 책임은 오롯이 자신의 몫이라고 생각했다. 나는 조심스럽게 논리적으로 설명했다. 내가 이 상황을 어떻게 느꼈는지, 그 상황에서 왜 그렇게 반응했는지 설명하면 "너는 맨날 따져, 피곤해."라고 했다. 그럴 때마다 나는 억장이 무너진다. 나는 따지려는 게 아니라 구체적으로 표현하려는 것인데, 이런 대화가 반복될수록 "아, 이런 대화, 이제 그만하고 싶다." 그러다 보니 점점 대화의 폭이 좁아졌다. 대화의 한계를 느끼게 되자 마음의 거리가 생겼지만, 굳이 내색하지 않았다. 그것이 그 친구에게 표현을 멈춘 시작이 되었다.

표현에도 한계가 있다. 표현은 상대방이 받아줄 때 해야 한다. 일방적인 표현은 절벽에 외치는 것과 같다. 어느 순간 나도 지쳤다. 듣지 않는 귀, 닫혀버린 마음, 결국 서로의 다름을 받아들이지 못했다. 대화가 끊기면 마음도 멀어진다. 말을 멈추면 관계도 멈춘다. 관계는 말을 주고받을 때 유지된다. 말을 멈추는 순간 관계는 더는 관계가 아니다. 끝끝내 표현을 이어가는 사람이 진짜 관계를 지키지만, 내 말만 맞는다고 우기면 미래는 없다. 네 말도 일리가 있다고 인정해야 한다. **말은 진심을 나누기 위한 다리이지, 논쟁에서 이기기 위한 무기가 아니다.**

하지만, 그는 늘 자기 말이 옳다고 우겼다. 그 믿음은 결국 타인을 지워가며 쌓아 올린 벽이 되었다.

나는 수없이 설득하려 했고, 이해하려 애썼지만, 그는 단 한 번도 내 말은 제대로 받아들이지 않았다. 그 순간, '모든 관계가 소통으로 이어지지 않는다.', '진심이라고 모두 통하는 것은 아니다.'라는 사실을 알고 난 후, 우리 관계는 멈췄다. 그 인연의 끝은 외면이 아니라, 자기 존중이었다. 나를 지키기 위해, 때론 단절도 필요하다는 걸 깨달았다.

남의 말은 듣지 않고, 자기주장만 하는 사람에게 어떻게 해주면 좋을까요?

06

말하지 않으면
아무것도 지킬 수 없다

진심을 말하지 않은 그 순간부터, 무너짐은 이미 시작되고 있었다.

– 최호용

말하지 않는 것은 보이지 않는다

입이 무겁고 말이 없는 것이 미덕이라고만 할 수 없다. 참아주는 것이 성숙한 것 같고, 말없이 참는 것이 책임감 있는 것처럼 보이지만 틀렸다. 오랫동안 관계를 연구하고 수많은 사람을 만나온 나는 자신 있게 말할 수 있다. 말하지 않는 순간부터, 지키고 싶은 것들이 무너지기 시작한다. 침묵은 사랑도 신뢰도 존중도 지켜주지 않는다. 인간관계에는 한 가지 법칙이 있다. 마음은 표현되지 않으면 곧 사라져 버린다는 것이다. 이는 연인과 가족 사이에서만 통하는 이야기가 아니다. 직장에서, 사회에서, 심지어 공동체 안에서조차 말하지 않음이 관계를 갈라놓는다는 것은 당연하다.

자영업자 모임에서 강연을 한 적이 있다. 주제는 '리더의 소통'이었다. 강연 중에 한 남자가 이렇게 말했다.

"직원들이 말을 안 듣습니다. 저는 화도 안 내고, 지적질도 안 하는데, 이해가 안 됩니다."

"직원들과 진지하게 대화를 나눈 게 언제입니까?"

"…기억이 잘 안 나네요."

"고맙다, 잘했다, 수고했다는 말을 언제 했나요?"

"…아마, 처음 가게 열었을 때쯤?"

그가 간과한 건 이거였다. '굳이 말하지 않아도 내 마음 알겠지.' 하지만 직원들이 느낀 건 달랐다. 우리가 뭘 어떻게 해도 무관심하다. **말하지 않는 것은 상대의 마음을 바라보지 않는 것과 같다.** 말하지 않는 동안 상대방은 혼자 불안을 견디다 지쳐 떠난다. 그것이 부부든, 부모 자식이든, 직장에서의 팀원이든 다르지 않다.

지역 사회 복지 현장에서 본 사례는 아직도 내 기억에 선명하다. 어느 노인정의 회장이 나를 불러 회원들이 요즘 말도 안 하고, 하나둘 안 나온다고 했다. 현장을 둘러보니 이유가 있었다. 누군가가 기증한 후원금 사용 문제를 두고 불만이 있었지만, 아무도 대놓고 말하지 못했다. 괜히 말했다가 어르신 기분 상할까 봐, 다들 입을 다물었다. 결국,

분위기는 서서히 싸늘해졌다. 오해와 불신이 쌓이면서 공동체는 사실상 해체됐다. 어떤 이들은 마지막에 이렇게 말했다. "말하지 않은 게 아니라 못 했어요. 그땐 우리가 입단속해야 하는 줄 알았거든요."

이 사례에서 중요한 건 두 가지다. 하나는 침묵이 갈등을 유예하는 게 아니라 증폭시킨다는 점. 또 하나는 침묵이 남에게만 상처를 주는 게 아니라 자기 존엄까지 무너뜨린다는 점이다. 사람들은 말하지 못하거나, 말하지 않다가 결국 잃고 만다. 그렇다면 왜 사람들은 중요한 순간에 말하지 못할까?

심리학적으로는 '거절 불안'과 '배척 공포'라고 한다. 내가 무언가를 말했을 때, 상대가 받아들이지 않을까 봐. 혹은 관계가 더 멀어질까 봐. 하지만 그런 불안 때문에 침묵을 선택하는 순간, 관계는 더 깊은 골을 만든다. 기업 컨설팅에서 흔히 보는 장면이 있다. 회의 시간에 누군가 중요한 의견을 갖고 있지만 입을 닫는다. 왜냐하면, 말해봤자 달라지지 않는다는 무력감에 빠져있기 때문이다. 하지만 그 한 사람의 침묵으로 조직의 문제가 드러나지 않게 된다면, 결국 조직은 위기에 빠진다. 침묵은 갈등을 피하는 게 아니라, 결국 더 큰 파국을 만든다. 말한다는 건 상대를 위해서가 아니다. 나 자신이 관계 안에서 사라지지 않기 위한 최소한의 자기방어다. 말하지 않으면 상대는 물론 자신조차 지킬 수 없다.

우리는 흔히 마음이 중요하다고 말한다. 물론 마음이 중요하다. 하지만 그 마음이란 것도 표현하지 않으면 존재하지 않는다. 내가 아무리 고맙고, 사랑스럽고, 미안해도, 그걸 말하지 않으면 상대는 모른다. 느끼지 못하고, 지켜주지 않으면 떠난다. 그렇게 우리는 소중한 것들을 잃을 때가 많다.

지금 말하는 방법

지금, 말하지 못하고 있다면 오늘이라도 해야 한다. 침묵은 시간을 벌어주지 않는다. 오히려 시간을 잊게 한다. 말하지 않는 사이에 쌓이는 오해, 불신, 냉소는 눈에 보이지 않지만 가장 무섭다. 아주 서서히 관계를 부식시키기 때문이다. 하지만 말은 관계를 살린다. 말은 상처를 덮는다. 말은 사람을 남아 있게 한다. 말하지 않는 것은, 결국 아무것도 지켜주지 않는다. 말하지 않는다는 건, 이미 그 관계를 포기한 것과 같다. 그렇다면 방법은 없을까? 위에서 말한 바와 같이 관계에서 해야 할 말을 하지 못해 틀어지는 상황은 매우 흔하다. 마음속으로는 하고 싶은 말이 있어도 상대에게 상처를 줄까 봐, 혹은 나의 감정을 드러내는 것이 부끄럽거나 두려워 침묵하게 되는 경우가 많다. 하지만, 이 침묵이 쌓이면 오해와 거리감이 생기고, 결국 관계를 악화시키는 원인이 된다. 이를 예방하기 위해서는 다양한 방법을 실천할 수 있다.

첫째, 감정을 미리 정리하고 표현할 방법을 고민한다. 감정이 격해진 상태에서 바로 말하면 공격적으로 되거나 오해를 불러일으킬 수 있으므로, 마음속으로 핵심 메시지를 정리하거나 글로 적어보는 것이 좋다. 이렇게 하면 말의 내용이 명확해지고, 감정이 과하게 표출되는 것을 막을 수 있다.

둘째, 시간과 장소를 고려해 말하기다. 상대가 바쁘거나 피곤한 상태에서 중요한 이야기를 꺼내면, 소통이 잘 안 될 수 있다. 서로 집중할 수 있는 시간과 편안한 분위기를 선택하면, 오해 없이 전달될 확률이 높다.

셋째, 나 전달법(I-Message)을 활용하기다. 비난이 아니라 자신의 감정을 중심으로 표현하는 방식으로, 예를 들어 '당신 때문에 속상하다.'보다는 '나는 이런 상황이 속상하다.'처럼 말하면 방어적 반응을 줄이고 이해를 높일 수 있다.

넷째, 작은 표현부터 습관화하기다. 사소한 감사, 미안함, 기대, 걱정을 꾸준히 말로 전하면 표현하는 습관이 생기고, 큰 문제도 자연스럽게 소통할 수 있는 관계로 발전시킬 수 있다.

결국, 관계를 유지하기 위해서는 말하지 않으면 관계가 지켜지지 않는다는 사실을 인정하고, 적절한 방식으로 표현하는 용기가 필요하다. 침묵은 안전해 보이지만, 표현은 오히려 관계를 결속시키는 힘이 있다.

나는 강연장에서 "말하세요. 내가 지키고 싶은 것이 있다면, 말로 붙잡으세요. 지킬 수 있는 유일한 길은 표현입니다."라고 힘주어 말한다. **마음이 있어도 말하지 않으면, 그것은 존재하지 않는 것과 같다.** 사랑도, 슬픔도, 고통도, 드러내야 비로소 의미가 있다. 표현은 나를 세상에 증명하는 일이다. 침묵 속에 자신을 스스로 지우는 일은 삶을 포기하는 것과 다르지 않다. 상처받는 게 두려워 말을 멈추는 순간, 진짜 나도 함께 사라진다. 그래서 나는 표현하며 살아 있는 삶을 살기를 원한다. 그것이 내가 나로 존재하는 방식이다.

꼭 해야 할 말을 아끼다가 때를 놓쳐버린 경험이 있으신가요?

07

용서를 해야 하는
진짜 이유

용서하지 않는 마음은 자신을 스스로 가두는 감옥이다.

– 작자 미상

배려가 닿지 않는 선

사람과 사람 사이에는 감정과 말이 오고 가기 때문에 더러 오해가 생길 수 있고, 분쟁이 일어날 수 있다. 한마디 말이 가시처럼 마음을 찌르고, 나를 무시한다는 생각이 들 땐, 급기야 격해진 감정이 통제 불능의 단계에 이르고 만다.

그날도 그랬다. 같은 병실에서 맞은편 침대에 있는 환자와 간병인 때문에 일이 터졌다. 우리는 잠잘 때는 감기 걸릴 수 있으니 창문을 닫자고 하면, 그쪽은 갑갑하니 연다고 했다.

"추우면 옷을 더 입든지, 이불을 덮어라."

"갑갑하면 그쪽이 옷을 벗으면 되겠네."

"환자 위주로 해야지."

"간병인은 사람이 아니냐? 공동생활인데, 배려할 줄 알아야지."

"그런 소리 하려거든 1인실로 가거라."

싸우면서 생각해도 유치하기 짝이 없는 말을 주고받는다고 생각했다. 우리 옆에 있는 환자는 추위를 심하게 타서, 실내가 덥고 갑갑해도 창문을 열지 못할 때도 많았지만, 그들은 자기 쪽에 있는 창문을 밤낮으로 열어놓고 닫지 않았다. 하나에서 열까지 자신들이 원하는 대로만 했다. 생각할수록 분하고 괘씸했다. 말도 섞고 싶지 않았다. 할 수만 있다면 당장 다른 방으로 옮기고 싶었다.

아침에 일어나 앞에 있는 그들을 보니 어젯밤 분이 다시 떠올라 심란했다. 그들은 아무 일 없었다는 듯이 자기들끼리 하하 호호하고 있었다. 아예 눈길도 주지 않았다.

그럴수록 내 마음은 지옥이었다. 불현듯 이런 생각이 들었다. "내가 계속, 이 감정을 안고 있는 게 맞나?" 속에서 자꾸 분이 솟구쳐 견딜 수가 없었다. 문제는 상대가 아니라, 내 삶을 갉아먹는 마음이 문제라고 생각했다.

기분 전환하려고 오후에는 병실을 나섰다. 정원을 몇 바퀴 돌다가 병원 밖으로 나갔다. 도로변에 과일을 파는 좌판이 보였다. 오는 길에

2만 원을 주고, 일부러 참외 두 소쿠리를 샀다. 병실에 돌아와 맞은편 그들에게도 몇 개 나눠주었다. '말도 섞기 싫은데 이걸 줘야 하나? 이러면 나를 더 우습게 보지 않을까?' 두 가지 생각이 널을 뛴다. 맞은편 간병인에게 "여기 참외…"라고 하면서 참외가 든 까만 비닐봉지를 쑥 내밀었다. 그녀는 살짝 당황해하는 기색을 보이며 머뭇거리다가 참외 봉지를 받아 들면서 "엄마야! 참외가 맛있어 보이네."라고 했다. 속으로는 '변죽도 좋다. 주고 싶어서 주는 거 아니다.'라고 중얼거렸다.

그래서 결심했다. 내 마음을 위해 먼저 풀기로 했다. 선물이랄 것도 없고, 값비싸지도 않은 것이었지만, 그 안엔 '나는 너를 용서하겠다.'라는 마음이 담겨 있었다.

내가 그 생각을 하게 된 첫 번째 이유는, 내 마음이 편하자는 것이고, 두 번째는 평소에 그들이 반찬이나, 간식을 자주 나눠주던 성의를 생각해서다. 소소하지만, 평소에 그들이 우리에게 보여주던 마음을 한 순간 감정이 상했다고, 엎어버려선 안 된다는 생각이 들었다. 그리고, 셋째로는 글 쓰는 사람은 변화된 삶을 살아야 한다고 생각했다. 그래야 바른 글을 쓸 수 있다고 생각했다. 참외를 주면서 네가 잘했네, 내가 못 했네, 그런 말은 하지 않았다. 저녁 식사 때 그쪽에서 아무 일 없었다는 듯이 구운 삼겹살 몇 점 주었다. 나는 "삼겹살이 맛있어 보이네." 하면서 받아주는 거로 그 일은 흐지부지됐다.

그 순간, 묘하게도 내 마음이 평온해졌다. 내가 옳았다는 걸 증명하지 않아도 괜찮았다. 상대가 사과하지 않아도 내 마음이 먼저 편해지는 게 중요했다. **진짜 용서는 상대를 이기는 것이 아니라, 감정의 수렁에서 나를 꺼내는 일이다.** 감정 상할 일이 생기면, 우리는 사과를 받아야 용서할 수 있다고 생각한다. 하지만 살다 보면, 상대는 자신이 뭘 잘못했는지도 모를 때가 많다. 그때마다 우리가 계속 상처를 품고 살 순 없다. 용서는 관대한 사람만이 할 수 있는 고귀한 행위가 아니다. 상처받은 사람이 자신의 마음을 지키기 위해 스스로 택하는 선택이다.

마음의 각도를 바꾸는 일

살아가면서 비슷한 일을 수없이 만날 수 있다. 그때마다 나는 좀 더 지혜롭게 대처하는 사람이 되자고 생각했다. 살다 보면 내 의지대로 할 수 있는 일이 있고, 그렇지 않은 일이 있다. 그때마다 상황이나 사람을 원망하기보다 내 마음을 바꾸면 된다. 그것이 가장 빠르고 현명한 방법이다. 그날 이후로 나는 조금 더 마음의 여유를 가지게 됐다. 그리고 알게 됐다. 용서란 상대를 위한 것이 아니라, 결국 내 마음을 자유롭게 하는 일이다. 내가 건넨 '참외' 그것은 상처 위에 붙인 마음의 반창고였다. 작은 호의였지만, 그 안에는 내가 나를 사랑하는 마음, 그리고 관계를 회복하고 싶은 진심이 담겨 있었다.

병원에서 병간호 일하다 보면 환자도 그렇고, 보호자나 간병인 할 것 없이 모두 자신이 살아온 결대로 생활하는 걸 볼 수 있다. 그게 어디 병원뿐이겠는가! 자기밖에 모르는 사람은 죽을병에 걸려 누워있어도 자신만 챙기려 든다. 무엇이든 자기가 먼저 해야 하고, 어디서든 자신이 우선이다. 1인실 병실이 아니고서야 병원 생활은 배려하고 양보해야 할 일이 한두 가지가 아니다. 모두가 그런 것은 아니지만, 자신만을 챙기는 사람들 때문에 그렇지 않은 사람들이 불편을 참아 내는 모습을 흔하게 본다. 병원에서는 모두가 극도로 예민해져 있다. 그런데도 자신이 힘들고 어려워도 양보하고 인내하는 결이 고운 사람들도 많다.

맞은편 침대에 있는 저런 부류의 사람은 보기 드문 사람들이다. 그들은 언제 다시 볼지도 모르는 사람들이다. 스치는 인연이지만 구겨진 뒷모습으로 기억되고 싶지 않았다. 관계를 풀기 위한 전략이 아니라, 내 안의 상처를 덜어내기 위한 행위였다.

지금도 가끔 마음이 상한 일이 생기면 그때의 나를 떠올린다. 서툴지만 용기를 냈던 나, 자존심보다 평화를 택했던 나. 그 선택은, 결국 내가 나에게 준 가장 값진 선물이었다. 싸움은 순간의 감정이 충돌한 결과지만, 용서는 깊은 성찰에서 비롯된 선택이다. 상처를 주고받은 뒤, 다시 손을 내민다는 건, 약해서가 아니라 강하기 때문에 가능한 일이다. **용서는 과거를 지우는 것이 아니라, 그 아픔을 품고 앞으로 나아가겠다는 다짐이다.** 서로 다른 마음이 충돌한 끝에서 다시 이해하려는 마음이 생겼다면, 우리는 그만큼 더 성숙해진 것이다. 용서는 관계를 회복시키는 열쇠다, 자신을 가볍게 만드는 가장 깊은 지혜다.

누군가를 용서함으로 마음의 평화를 얻었던 경험은 언제였나요?

08

감정을 살려 말하면
인생도 살아난다

나태주 시인의 「풀꽃」을 좋아한다. '자세히 보아야 예쁘다. 오래 보아야 사랑스럽다. 너도 그렇다.' 길지 않으면서 할 말은 다 했다. 그렇다! 사람은 꽃이다. 저마다의 모양과 크기가 다르고 각각의 향기도 다르다. 빛깔이 고와 멀리서도 눈에 띄는 꽃, 향기가 좋아 주변을 향기로 채우는 꽃, 뿌리가 깊어 어떤 바람에도 흔들리지 않는 꽃, 그리고 때를 기다리며 아직 피지 않은 꽃도 있다. 우리는 모두 그런 꽃들이다. 지금까지 살아오면서 내 옆의 누군가를 보고 '너도 그렇다.'라고 말해 본 적이 있는가? 아니면, 그런 말을 몇 번이나 들어 봤을까? 내 기억으로는 한 번도 없다. 지금, 이 글을 읽고 있는 당신 옆에 누군가 있다면 자세히 한번 보라. 오래 바라보라. 사랑스러운가? 그렇다면 말해야 한다. '너도 그렇다.'라고, 인간관계는 그런 시인의 마음으로 바라보아야 한다.

말의 결이 바뀌는 순간

인간관계의 본질은 함께 있음이다. 함께 있다는 것은 물리적 거리를 좁히는 것이 아니라, 마음의 거리를 좁히는 것을 말한다. 우리는 수많은 사람과 어깨를 맞대고 살아간다. 그러나 나를 보고 있는 당신의 두 눈에, 내가 얼마나 귀하게 비치는지를 말해주지 않고, 당신의 마음속에 내가 얼마나 아름답게 비치는지 말해주지 않는다. 어느 날 한 편의 시를 읽었다. '꽃이 피면, 피었노라 말해주고, 바람이 불면, 불어왔노라 말해주어라. 그래야 꽃은 더 오래 피고 바람은 더 가벼워진다.'

그렇다. 말해주는 사람이 되어야 한다. 꽃이 피면, 그 피어난 것을 알아보고, 이름을 불러주는 사람. 바람이 불면, 그 불어온 방향을 함께 바라보며 어깨를 감싸 주는 사람, 우리가 인간관계 속에서 바라는 것이란 결국 그 한마디 아닌가! '네가 여기 있다는 걸 알아.', '너의 수고를 보고 있다.', '너를 기다린다.' 심리학에서는 이것을 '존재 인정'이라 부른다. 인간에게는 누구나 '보고 있다'와 '듣고 있다'를 바라는 본능이 있다. 어떤 성취보다도 사람의 마음을 견고히 지탱해 주는 것은, 누군가가 자신을 보고 있다는, 듣고 있다는 사실이다. 그런데도 우리는 어쩌다 그토록 말하기를 주저하게 되었을까?

세상에는 두 가지 종류의 대화 방법이 있다. 하나는 '의사 전달을 위한 말'이고, 다른 하나는 '마음을 살리는 말'이다. 전자는 소리로만 오가는 것이라면, 후자는 온몸으로 말하는 것이다. 나는 지금까지 살아오며 무대 위와 무대 밖에서 이 두 가지 대화를 모두 경험했다. 말은, 시처럼 건네야 하고, 시처럼 건네는 말만이 사람의 마음을 움직이게 한다는 사실을 알았다.

강연자로 무대에 설 때마다, 나는 수많은 질문을 마주한다. 감정과 말은 어떻게 하면 사람들에게 잘 전달될까? 어떻게 하면 설득력 있게 말할 수 있을까? 하지만 사람들에게 가장 오래 남는 것은 설득이 아니다. 의미와 울림이다. 그 울림은 문장 속에 공백을 만들고, 그 공백을 듣는 이가 자기 마음으로 채우게 할 때 생긴다. 그것이 바로 시다.

대화는 단순한 정보 전달이 아니다. 대화란 두 사람 사이에 짧은 시를 주고받는 일이다. 내가 배우로서 카메라 앞에 설 때도 그랬다. 대본에 적힌 대사를 읽는 것과 그 대사를 살려내는 것은 큰 차이가 있다. 살아내는 대사는 시 같았다. 여백이 있고, 호흡이 있고, 여운이 있다. 듣는 이를 설득하지 않아도, 저절로 빠져들게 했다. 그야말로 말에 혼을 담는 것, 말에 진심이 묻어나는 순간이다.

말의 힘은, 그 사람이 어떤 감성으로, 어떤 호흡으로, 어떤 태도로 건네는지에 따라 다르다. 시처럼 말하는 사람의 감성 언어는 구체적이다. 불필요하게 돌려 말하지 않고, 의미를 바로 전달한다. 하지만 날카롭지 않다. 비유를 통해 부드럽게 마음에 스며든다. 대화도 마찬가지다. 무대 뒤에서 스태프와 짧게 나눈 한마디가, 대중 앞에서 한 시간 동안 한 말보다 더 오래 기억되는 순간이 있다. 그것은 마음을 담았기 때문이다. 내가 모델이 되어 카메라 앞에 섰을 때도 이를 경험했다. 포즈를 지시받는 순간보다, 포즈 사이사이 그 짧은 느낌으로 감정을 전할 때가 더 강렬했다. 말도 이와 같다. 단어만 나열하면 전달되지 않는다. 단어와 단어 사이에 호흡을 넣고, 공백을 만들고, 감각적으로 리듬을 타야 한다. 그렇게 할 때, 대화 속의 침묵조차 감미로운 음악처럼 울릴 수 있다. 그것이 시처럼 말하는 감성이다. 강연장에서, 가정에서, 현장에서 다양한 일상에서 많은 말을 하지만, 아무도 그 말을 시처럼 듣지 않는다. 왜냐하면, 그것은 단지 의무와 정보의 나열이기 때문이다.

예를 들어, '수고했다.'라는 말을 시처럼 건네려면 이렇게 해야 한다. '오늘 너의 어깨가 조금 더 무거워 보였어. 그래도 끝까지 버텨줘서 고마워.'

이 말에는 리듬이 있고, 이미지가 있고, 감정이 있다. 그래서 시다. 시처럼 말해주는 사람 곁에선 누구도 쉽게 지치지 않는다. 왜 우리는 시처럼 말해야 하는가? 대화는 관계를 위해서만 존재하지 않기 때문이다. 대화는 나 자신을 표현하기 위해서도 존재한다. 말하지 않는 사람은 결국 자신을 잃어버린다. 그리고 아무렇게나 말하는 사람도 결국 관계를 잃어버린다.

말을 시로 만드는 기술

내가 강연자로서 사람들 앞에서 말할 때, 나는 항상 문장에 공을 들인다. 배우로서 대사를 연습할 때, 단어 하나에 감정을 싣는다. 작가로서 글을 쓸 때는 한 구절의 리듬이 어그러지지 않도록 다듬는다. 모델로서 표정을 지을 때조차, 말하지 않아도 말하는 듯한 눈빛을 담는다. 이 모든 것의 공통점이 있다. 말을 시처럼 해야, 말이 살아나기 때문이다. 어떻게 시처럼 말할 것인가? 시처럼 말하려면, 세 가지가 필요하다. 첫째, 경청하는 귀다. 시인은 세상에서 가장 민감한 청자다. 작은 바람 소리 하나도, 길가의 빛깔 하나도 놓치지 않는다. 마찬가지로 상대의 표정과 눈빛을 읽어내는 귀가 필요하다. 대화의 절반은 듣는 것이기 때문이다. 둘째, 감각을 깨우는 시선이다. 세상에 당연한 것은 없다. 모든 것은 의미를 품고 있다. '잘 지냈어?'라는 말이 아니라 '오늘따라 표정이 밝아 보여서 다행이다.'라고 말할 수 있으려면 세상을 시인의 눈으로 바라보아야 한다. 셋째, 여백을 허락하는 용기다. 시처럼 말하는 사람은 쉬지 않는다. 멈출 줄 안다. 대화는 끊임없는 말로 채우는 게 아니라, 적절한 공백과 침묵을 사이에 두어야 비로소 살아난다. 그 여백을 채우는 것은 상대의 몫이기 때문이다.

시처럼 말하는 사람은 힘이 있다. 시처럼 말해주는 사람은 누군가의 마음을 빛나게 하고, 그 마음을 오래도록 기억에 남게 만든다. 대화가 곧 예술이고 대화가 곧 사람을 살리는 일이라는 것을 알기 때문이다. 말은 그 사람의 인격이자 감성이다. 그리고 그 사람이 빚어낸 하나의 예술이며, 작품이다. 그래서 결국, 말은 그 사람 자체가 된다. 우리는 모두 무대 위의 배우이고 작가이고 모델이고 강연자다. 세상을 더 아름답게 남기고 싶다면, 시처럼 말해주자. 사소한 말 한마디에도 마음을 실어, 상대의 숨결이 흔들리는 그 순간을 지나치지 않으려 애쓰자. 내 말이 누군가의 하루를 지켜주기를 바라며 오늘도 말한다. **대화는 말의 교환이 아니라 태도의 교환이다.** 시선과 표정, 잠깐의 침묵에도 마음은 스민다. 그렇게 건넨 말들이 관계를 살리고, 마음을 잇는다.

나는 시처럼 말하는 사람일까요? 내가 시처럼 말해주고 싶은 사람은 누구인가요?

관계 · 상황 · 대응 편

갈등과 같은 여러 민감한 상황에서는 말 한마디가 관계의 경계를 결정합니다. 이 워크북은 의도를 지키면서도 상대를 해치지 않는 대처 표현을 연습하도록 구성되어 있습니다. 같은 메시지라도 전달 방식이 바뀌면, 관계의 결과 역시 변화합니다.

[1단계] 아래 표현, 나는 사용한 적이 있나요?

아래 문장 중, 무심코 자주 쓰는 표현에 체크해 보세요. (✔ 체크)

"이미 말씀드렸잖아요." ☐

"그건 제 의도가 아니에요." ☐

"굳이 그렇게까지 예민할 필요는 없잖아요." ☐

"지금은 그 얘기 할 때가 아니에요." ☐

[2단계] 이 말은 상대에게 이렇게 들릴 수 있습니다.

같은 말도, 듣는 사람의 마음에서는 이렇게 해석될 수 있습니다. (✔ 체크)

책임을 떠넘긴다는 느낌 ☐

감정이 무시당했다는 느낌 ☐

내 문제 제기가 과민하게 취급됐다는 느낌 ☐

말할 기회를 차단당했다는 느낌 ☐

[3단계] 같은 상황에서 이렇게 말해보세요.

의도는 지키면서도 관계를 해치지 않는 표현으로 바꿔봅니다. (✔ 연습)

"이미 말씀드렸잖아요."

→ "제가 전에 말씀드린 적은 있는데, 다시 한번 정리해 볼까요?"

"그건 제 의도가 아니에요."

→ "제 의도와 다르게 전달된 것 같아요. 제 표현을 돌아볼게요."

"굳이 그렇게까지 예민할 필요는 없잖아요."

→ "제가 미처 고려하지 못한 부분일 수 있겠네요."

"지금은 그 얘기 할 때가 아니에요."

→ "이 이야기는 중요하니, 언제 다시 얘기하면 좋을까요?"

기억할 문장

말은 옳을 수 있지만,
표현은 언제나 관계를 선택합니다.

PART 3

말하는 법을 배워야 관계는 달라진다

01

세대의 벽을 넘어선
고백과 용서

고백은 책임의 언어이고, 용서는 관계의 언어다.

– 최호용

뒤돌아보며 다져진 마음

인간관계와 소통을 잘하려면 표현하는 것이 중요하다는 주제로 강연하는 강사가 되었다. 전국을 다니며, 주로 특강 강연을 진행했다. 정부 청사, 기업체와 전문 단체가 대상이다. 초, 중, 고, 대학에서 진로 캠프 강의에 참여하기도 했다. "강사님은 참 좋으시겠어요.", "무슨 뜻이죠?", "표현에 대해서 잘 아시니 가정에서도 얼마나 소통을 잘하시겠어요." 그 말을 듣고, 나는 과연 어떤가? 가장으로서 역할은 잘하고 있는지, 가족과의 소통은 잘하고 있는지, 나는 어떤 아버지인지를 돌아보게 되었다. 어떤 아버지가 되고 싶으냐고 물으면, 누구나 '친구 같은 아버지', '자상하고 따뜻한 성품의 아버지가 되고 싶다.'라고 할 것이다. 나도 그랬다. 나는 과연 어떤 아버지인지 확인하고 싶었다. 어느 날, 집에서 고등학교 다니는 아들과 거실에서 마주 앉았다.

"아들, 이건 아빠한테 중요한 질문이야. 솔직하게 말해 줘. 너는 내가 편해?"

"…네, 지금은요."

"지금? 그럼 전엔 안 편했단 말이야?"

아들은 차분히 말을 이었다. "어릴 때는 아버지가 집에 안 계셔야 마음이 편했어요." 나는 어이가 없으면서도 적이 놀랐다. 아들에게서 그런 말을 듣게 될 줄은 상상도 못 했다. 앞의 글에서 아이들에 대해 언급한 바 있지만, 나는 항상 사랑한다는 말도 많이 했고, 우리 나이대의 부모들에 비해 소통을 잘한다고 자부했는데 뜻밖이었다.

"아버지는 출근할 때, 우리 집을 한 번 올려다본 후에 차 타는 습관이 있는 거 아세요?"

"넌 그걸 어떻게 알았어?"

"어릴 때부터 봤으니까요."

"왜 그걸 본 거야?"

아들은 내가 집에서 멀어져 가는 것을 봐야 마음이 놓였다고 했다. 그 말을 들은 나는 더 믿어지지 않았다. 내가 무슨 폭군도 아니고, 주정뱅이도 아닌데 왜 그랬냐고 물으니, 아들은 "그런 건 아니지만, 아버지가 마냥 편하지는 않았어요."라고 했다.

　나는 아이들을 끔찍이 이뻐하는 아버지였다. 어린 시절 워낙 어려운 아버지 밑에서 자랐기 때문에 더없이 자상한 아버지가 되려고 애썼다. 그런데 내 아버지 정도는 아니지만, 자식들이 편해하지 않는 것은 내 아버지와 크게 다를 바 없는 아버지가 되었다는 게 아닌가? 그런 생각에 다시 한번 놀랐다.

　어린 시절, 내 아버지는 '자식은 강하게 키워야 한다.'라고 하셨다. 나도 그게 당연하다고 생각했다. 아버지가 딸을 때리면 손찌검하는 서방을 만난다는 속설이 있어서 딸은 한 번도 체벌하지 않았지만, 아들에게는 달랐다. 한 번은 아들이 잘못한 일이 있어서 대나무로 만든 효자손으로 등을 후려쳤다. 아들은 얼굴이 시뻘겋게 달아올랐다. 얼굴을 찡그린 채 아랫입술을 깨물며, 겁에 질린 눈으로 나를 보던 그 모습이 칼로 새기듯 가슴에 박혔다. 훈육에 감정이 실리면 안 되는 걸 알면서도 뜻대로 되지 않았다. 시간이 많이 지났음에도 아이의 눈빛이 잊히지 않는다. 꽃으로도 때리지 말라는 말이 진짜 맞는 말이다. 나도 모르는 사이에 내 아버지와 꼭 닮은 아버지가 되어있다는 사실에 치를 떨었다.

　나는 두 손으로 아들의 손을 잡았다. 그리고 눈을 바라보며 말했다.

"솔직하게 말해 줘서 고맙다. 네가 지금은 내가 무섭지 않은 것은, 네 몸이 컸기 때문이야. 잘 먹이고, 잘 입히면 좋은 부모가 되는 줄 알았고, 엄하게 키우면 강하게 크는 줄 알았다. 내가 얼마나 준비가 안 된 부모였는지, 그걸 강사가 된 후에 깨달았다. 그동안 힘들었다니 마음이 아프다. 경훈아! 미안하다. 나를 용서해라."

"괜찮아요, 아버지!"

"괜찮다고 말해 줘서 고맙다. 지금부터라도 노력할게, 두고두고 용서해다오. 그런 의미로 한번 안아볼까?"

나는 아들을 끌어안았다. 아들의 얼굴이 한결 밝아 보였다.

역지사지의 마음으로

부모가 자식에게 준 상처를 보듬어 주지 않으면, 자식은 남은 생을 온전하게 살아가지 못한다는 얘기를 들은 적이 있다. 알게 모르게 아이들에게 상처를 많이 주었다. 마음의 상처는, 상처를 준 당사자가 풀어주지 않으면 가슴에 옹이가 되어 안고 살아야 한다. 그게 부모 자식이든, 친구든, 누구를 막론하고 반드시 풀어야 한다. 그 일이 있고 난 뒤, 나는 아이들에게 단 한 번도 언성을 높이는 일이 없었다. 강사가 되고 난 후, 내 삶을 송두리째 바꾸는 계기를 맞았다. 내가 하는 강의가 이론이 아닌 실제의 삶에서 녹여낸 나의 첫 번째 사례가 되었다.

부모가 자식에게 상처를 준 것을 인정하고, 용서를 구하고, 관계를 회복하면 서로에게 치유의 기회가 된다. 부모의 사과는 단순히 잘못을 시인하는 것이 아니라, 자식이 오랫동안 마음속에 품어온 아픔과 외로움을 이해하고 공감하겠다는 선언이다. **부모의 진심 어린 용서의 말은 자식에게 내가 존중받는 존재라는 자존감을 회복시켜 준다.** 그동안의 오해와 단절이 대화로 풀리며, 자식은 부모에게 외면당한 존재가 아니라는 안도감을 느낀다.

용서를 구하고 받는 그 경험은 부모와 자식 모두를 한층 성장하게 하고, 더 이상 과거에 매이지 않고, 살아갈 힘을 얻게 한다. 결국, 그 용기 있는 한마디가 부모와 자식 모두를 살리고, 가족의 진정한 의미를 되찾게 해준다.

결자해지(結者解之), 매듭을 맺은 사람이 풀어야 한다는 이 말처럼, 부모가 자식에게 진심으로 용서를 구하는 일은 단순한 사과 이상의 의미를 지닌다. 그것은 상처의 고리를 끊고, 감정의 매듭을 푸는 일이다. 아이의 마음에 존엄과 존중을 새겨주는 깊은 울림이다. 부모가 자신의 잘못을 인정하고 사과하는 용기는, 자식에게 책임과 용기의 본을 보이는 교육이다. 자신의 존재가 소중하다는 감정을 심어주는 생의 전환점이 된다. 부모가 용서를 구하는 그 순간, 아이의 삶은 억눌렸던 감정의 눌린 돌에서 벗어나 값지고 온전한 내면으로 성장하게 된다.

가족이 나를 인정해 주는 것은, 외부의 박수보다 훨씬 무겁습니다. 그래서 더 절실합니다.

02

말 한마디가
삶의 방향을 바꾸다

말은 공기가 아니라 씨앗이다. 자라서 결과가 된다.

– 제임스 앨런 (James Allen)

"야! 이 쓰레기 같은 인간들아, 내 말 듣고 감동 좀 해라!" 1982년 5월 어느 날, 인생의 가장 밑바닥이 지옥이라면, 이날은 내 인생에서 천당과 지옥을 맛본 날로 기억된다. 내 나이 열아홉 살 때의 일이다. 친구들은 고등학교 교복을 입고 학교에 다닐 때, 고등학교 진학에 실패한 나는 허구한 날 하릴없이 빈둥거렸다. 읍내에 지방 고등학교가 있었는데, 줄만 서면 들어가는 그런 학교를 우리는 '따라지' 학교라 불렀다. 미술 성적이 좋으니 예술 장학생으로 오라는 제의를 받았다. 아버지께서 "호용아! 너 저런 학교에라도 갈래?"라고 묻자 나는 "따라지에 가느니 차라리 고등학교 안 갈래요."라고 했다. 그랬다고 부모님은 진짜로 나를 고등학교에 보내지 않았다. 지지리 공부도 못 했던 내가 무슨 배짱으로 그런 말을 했는지 모르겠다. 내가 만약 그때 고등학교 진학이라도 했다면, 내 인생이 달라졌을지 모른다는 생각에 자신을 원망도 했지만, 내가 학교에 가겠다는 말을 꺼내지 못한 데는 우리 집 형편도 한몫했다.

스스로를 비추던 그림자

오라는 데도 없고, 갈 곳도 없었다. 찢어지게 가난한 부모님도 내 뒷바라지해 줄 처지가 아니었다. 그 시절의 나는 무척 감성적이고, 의지력이 약한, 그야말로 무기력했다. 현실에 적응하지 못하고 열등감에 빠져 힘든 나날을 보냈었다. 생각해 보면, 그때가 내 인생에서 가장 피폐한 삶의 시기였다고 기억한다.

인생의 청춘이라는 그 나이에 말이다.

도회지에 떠돌며 공장도 다니고, 심지어 공부시켜 준다는 조건으로 부잣집에 맡겨진 적도 있었다. 시골에서 보리밥만 먹던 내가 날마다 기름진 음식을 먹으니, 설사가 멈추지 않았다. 현대판 부잣집 머슴살이는 죽기보다 싫었다. 같은 또래였던 그 집 아들의 입던 옷을 입으라고 했다. "씨발, 이건 아니다." 싶었다. 한 달도 버티지 못하고 도망쳐 나왔다. 하지만, 여전히 갈 곳이 없었다. 집으로 가봐야 뾰족한 수도 없지만, 도리가 없었다. '나는 세상에서 쓸모가 없는 인간'이란 생각이 들었다. 이렇게 살 바에야 죽는 게 낫다고 생각했다. 모든 것을 단념하고 나는 시골집으로 들어갔다. 그때, 어떻게 하면 가장 쉽게 죽을 수 있는지 고민했었다. 죽는다는 게 얼마나 힘든 일인지도 그때 알았다. 사실은 아무리 생각해도 무서워서 죽지 못했다.

저녁을 먹고 누웠는데, 라디오에서 '청소년 원고 모집'이라는 광고를 들었다. 순간, '죽기 전에 내가 잘하는 글쓰기나 한 번 하고 죽자.'라는 생각이 들었다. 아마도 죽기 싫어서 핑곗거리를 찾았던 것 같다. KBS에서 청소년을 대상으로 하는 대회였다. 다섯 개의 주제 중 하나를 선택해 원고를 써서 대구 방송국으로 보냈다. 나중에 안 사실이지만, 원고를 써서 보내는 게 끝이 아니라, 직접 발표하는 '주제 발표 대회'였다. 얼떨결에 보낸 원고가 경상북도 1등을 했다. 지역 예선 대회가 텔레비전으로 중계됐다. 방송국에서는 내가 1등을 했으니, 서울 본선 대회에 경북 대표로 출전하라고 했다. 열아홉 살, 죽음을 준비하고 있던 나에게 이 무슨 자다가 홍두깨 같은 소린가 싶었다. 일단 죽는 것을 미루고, 서울 KBS로 갔다.

여의도에 있는 방송국 건물은 웅장했다. "살다 보니 이런 데도 와 본다." 싶었다. 무엇보다 전국에서 올라온 참가자들의 경력에 압도당했다. 서울대학교, 이화여자대학교 재학생, 고등학생, 현직 교사, 택시 운전사, 전국 웅변대회의 최우수상 수상자까지, 정말 대단한 사람들만 모였다. 죽을 생각만 하던 촌뜨기가 저렇게 대단한 사람들과 겨룬다고? 진짜 말도 안 되는 거였다. 방송 진행자에게 물었다. "이거 TV

에 나가요?", "KBS는 국영 방송이기 때문에 전국 방송은 물론이고, 세계로 송출됩니다." 나는 머릿속이 하얘졌다. '이렇게 대단한 사람들과 겨루면 분명히 떨어질 테고, 떨어지는 꼴이 TV로 중계되고, 전국이 아니라 세계적으로 망신당하고 나는 죽어야 하겠구나!' 당장 집으로 내려가고 싶었다. 녹화하기 전 총연습을 했다. 순서도 경북 대표인 내가 맨마지막이었다. 나는 속으로 중얼거렸다. '빌어먹을, 순서도 꼴찌군.'

숨겨진 불꽃이 일어난 날

예행연습이 시작됐다. 그런데 내 눈앞에 믿을 수 없는 광경이 펼쳐졌다. 그렇게 대단할 것 같은 참가자들이 연습하는 걸 보니, 나보다 크게 잘하는 것 같지 않았다. '뭐지? 저렇게 한다고?' 스피치 대회인데, 더듬거리는가 하면, 천편일률적으로 국어책 읽듯이 말하는 게 아닌가! "이상하네, 발표는 저렇게 하는 거 아닌데!"라고 중얼거렸다. 순간 내 가슴 밑바닥에서 알 수 없는 뜨거운 무언가가 스멀스멀 올라오기 시작했다. 입가에 묘한 움직임이 느껴졌다. 한쪽 입꼬리가 '씩' 올라갔다.

드디어 내 순서가 되었다. 내가 하는 걸 보여주겠다는 각오로 뚜벅뚜벅 단상으로 걸어갔다. 원고를 탁자 위에 펴놓고 발표 연습을 시작했다. 빨리하지 않았다. 일부러 천천히 했다. 연습을 마치고 단상에서 내려오는데 참가자들이 수군거렸다. 한 참가자가 나를 향해 엄지를 세워 보이며, "경북이 1등 하겠는데요!"라고 했다. 듣기에 기분은 좋았지만, 긴장하기는 모두 마찬가지였다. 최종 연습이 있던 날, 방송국 교양

편집국장이 무대로 올라와 우리에게 말했다. "여러분, 떨리지요? 제가 떨지 않는 방법을 가르쳐 드리겠습니다. 자신감을 가지세요. 청중을 향해서 이렇게 말하세요. 야, 이 쓰레기 같은 인간들아, 내 말 좀 듣고 감동 좀 해라! 이런 심정으로 말하세요. 물론 청중이 쓰레기는 아니지요, 그런 마음으로 자신감을 가지라는 뜻입니다."

드디어 대회가 시작됐다. 심사 위원들도 대단했다. 국어책에 나오는 사람들이 다 모인 것 같았다. 지금은 고인이 되신 국어학자 (고) 이숭녕 님, 극작가 (고) 차범석 님, 시인 (고) 유경환 님, 그리고 언론계와 각계각층의 유명 인사들이 자리했다. 나는 호흡을 가다듬었다.

'그래, 한 번 해보자! 야, 이 쓰레기 같은 인간들아, 내 말 듣고 감동 좀 해라.' 편집국장의 말만 생각했다. 드디어 마지막 내 순서가 되었다. 나는 빠른 걸음으로 단상을 향해 뛰었다. 마이크 앞에 섰다. 호흡을 가다듬고 또박또박 말을 뱉어내기 시작했다. 내가 세상을 향해 외칠 수 있는 마지막 기회일지도 모른다고 생각했다. "나는 살아 있다.", "나는 할 수 있다.", "나는 절대로 죽지 않겠다." 조금 전, 내 가슴 밑바닥에서 스멀스멀 올라오던 그것은 바로 자신감이었다. 울분이었다. 세상을 향한 나의 첫 번째 외침이었다.

그날, 삶을 포기하겠다고 마음먹던 열아홉 살의 시골 촌뜨기가, 대한민국 청소년 스피치 대회에서 최우수상을 받고 말았다. 그날 이후,

나는 알게 되었다. **진짜 자신감은 화려한 말의 기술이 아니라, 마음에서 우러난 진심을 말하는 용기에서 나온다**는 사실을. 그리고, "쓰레기 같은 인간들아!" 그 한마디가 내 안의 두려움을 밀어내는 외침이었다는 사실을 배웠다. 나는 지금도 나를 위협하는 두려움을 향해 그렇게 외친다. 19살, 떨리는 마음을 부여잡고 단상에 올랐던 기억, 온몸이 굳어 버릴 만큼 두려웠던 그 순간, 나는 내 안의 울분과 진심을 터뜨렸다. 지친 날것의 외침이었다. 내가 세상과 처음으로 맞선 순간이었다. 그 말 한마디에 모든 감정이 쏟아졌다. 사람들의 표정이 달라졌다. 내 말에 모두가 귀를 열었다. 진심을 표현하는 말의 힘을 처음 경험했다. 1등이라는 결과보다 더 값진 것을 얻었다. 말은 날카로운 칼이 아니라, 마음을 열게 하는 열쇠라는 것. 그날의 무대는 내 인생의 방향을 바꾼 순간이었다. 그 후 지금까지 단 한 번도 죽음을 생각하지 않았다.

나는 지금도 무대에 설 때, 19살의 나를 떠올린다. 두려움을 이긴 말 한마디, 그것이 나의 시작이었다.

오늘의 표현 점검

두려움을 느낄 때, 혼자 삼키지 않고 말로 꺼내 본 적이 있나요?

03

시작의 결심을 막는 건
나이가 아니다

부모가 자녀에게 줄 수 있는 최고의 유산은 재산이 아니라 날개다.

— 괴테 (Goethe)

첫째가 중학교 1학년, 둘째가 초등학교 2학년, 아이들과 셋이 살았다. 엄마 없이 자라는 아이들은 어느 순간부터 공부에 흥미를 잃은 것 같았다. 엄마가 있었을 때는 책을 보다가 잠이 들어서 아침에 아이들을 깨우러 방에 들어가면, 침대에 책과 이불이 뒤섞여 있곤 했는데, 이제 책과는 담을 쌓았다. 그냥 두면 안 될 것 같았다. 모두 내 탓인 것 같았다. 공부하라고 어르고 달래도 봤지만, 그때뿐이었다. 어떻게 하면 아이들이 공부할까? 내가 집에서 공부하는 모습을 보여주면 아이들도 달라지지 않을까?

나이는 숫자, 배움은 진행형

마흔일곱 살, 방송통신고등학교에 입학했다. 주말에만 학교에 나가지만 과정이나 진도는 일반 고등학교와 다를 바 없었다. 작심삼일이 안 되려고 스스로 반장을 지원했다. 책임을 맡으면 중도 포기를 안 할 것 같았다. 반장 직분을 잘 수행한다고, 학교에서 내리 3년 내내 반장을 시켰다. 전 과목 우수상을 받았다. 미술대회, 글쓰기 대회, 사이버 통신원 활동 등 교내 모든 대회에서 상을 받았다. 어느 날 교무실에서 들은 "당신 같은 분이 왜 공부를 안 하셨어요?" 그 말이 오래도록 머릿속을 떠나지 않았다. "그러게, 내가 왜 그때 공부를 안 했지?" 학급 동료들은 다양한 사연을 가진 청소년부터 학업의 때를 놓친 70대 이상까지 다양했다. 그중에는 정말 공부를 하고 싶어서 학교에 다니는 사람도 있지만, 사람들과 어울리는 게 좋아서 나오는 이도 더러 있었다. 다양한 사람들이 모이다 보니, 재미있는 일도 많았다.

그중에는 퇴학이나 자퇴를 한 아이들도 몇 있었다. 등교하는 날, 나는 그런 아이들을 챙겼다. 아침에 데리러 집으로 찾아가면 십중팔구는 자고 있다. 편부모 가정이나 가출해서 혼자 사는 아이도 있었다. 그냥 두면 지각을 하거나, 늦잠을 자다가 늦어지면 결석할 게 뻔했다. 내 차에 태워 함께 등교했다. 마치 내가 보호자라도 되는 양 "지금 좀 힘들어도 고등학교 졸업장만이라도 취득해라."라며 어르고 달랬다. 학교 공부가 전부는 아니지만, 고졸 학력이라도 있는 게 얼마나 다행인지를 그 나이에는 모를 수 있다. 세월이 흐르면 '그거라도 해놓길 잘했다.' 싶을 거다. 나중에라도 다시 공부를 시작하고 싶을 때를 위해 도움을 주고 싶었다. 만학도라면 누구나 나 같은 마음일 것이다.

나에게 고등학교 생활은 단지 배움의 시간만은 아니었다. 자식들에게 삶의 방향을 보여주는 자리였다. 3학년 2학기 어느 날, 그날은 아이들을 챙기느라 출석 체크 시간 5분을 넘겨 교실에 도착했다. 내가 아이들을 데리고 교실에 도착했을 때는 아직 출석 확인이 끝나지 않았지만, 담임 선생님은 출석부에 나를 지각으로 처리했다. 그 이유로 졸업식 날, 나는 3년 개근상을 놓치고, 5분 늦은 이유로 3년 정근상을 받았다. 한 번은 전산 처리가 잘못되어 기말고사 성적에 차질이 생겨 실제 점수보다 낮은 등급이 나온 적도 있었다. 속상했지만 항의하지 않았다. 정말 중요한 것은 상이나 점수가 아니라고 생각했다.

50세, 캠퍼스로

졸업을 앞두고, 동료들은 대학 진학 준비에 바빴다. 나는 처음부터 대학이 목표가 아니었기 때문에 망설였다. 내가 하는 공부가 우리 아이들에게 동기부여가 될 줄 알았지만, 실상은 그렇지 못했다. 학교에서 수많은 상장을 받아오고, 학교 생활 재미있게 하는 모습을 보여주었지만, 그것만으로 아이들을 책상 앞으로 이끌기에는 역부족이었다. 지금 생각해 보면, 공부는 환경이 만들어져야 한다. 바람만으로 되지 않는다. 대학 진학을 하자니 생각이 많았다. 나이 50에 무슨 공부를 하며, 그 공부가 무슨 의미가 있겠나 싶었다. 학비도 만만찮고, 당장 생업에 종사해야 하는데, 대학은 사치라고 생각했다. 하지만 2등급의 성적이 아까웠다. 생각하면, 고등학교 과정을 시작할 때만 해도 지금처럼 이렇게 좋은 성적을 얻게 될 줄은 상상하지 못했다. 나는 열심히 했고, 많은 것을 얻었으며, 무엇보다 중요한 것은, 3년간의 과정이 너무나 재미있었다.

"그래, 대학 가자!"

아이들이 공부를 안 하면, 나라도 해야겠다 싶었다. 신기했다. 공부를 시작하니 길이 보이기 시작했다. 처음엔 50m, 그리고 100m, 200m…, 조금씩 내가 가야 할 길이 보였다. 길이 보이니, 가야 할 이유도 생겼다. 그 사실이 놀라웠다. 공부를 시작하기 전에는 생각지도 못했던 일이다. 대학에 가면 등록금은? 생업은? 그리고 학교는 어떻게 다닐지가 걱정이었는데, 생각지도 못했던 장학 제도가 있고, 큰매형이 "자네가 공부를 시작했다니, 나한테 등록금 한 번 내줄 기회를 주게."라고 했다.

'하늘은 스스로 돕는 자를 돕는다.', '책 속에 길이 있다.'라는 말이 나를 두고 하는 말이었다.

나는 그렇게 쉰이 넘은 나이에, 공부하는 아버지가 되었다. 아이들은 여전히 공부를 열심히 하지 않았다. 나는 2년제 대학에서 방송 연기를 전공하고, 4년제로 편입해 경영학을 공부했다. 거기서 그치지 않고 대학원을 진학해 언론 홍보를 전공으로 졸업했다. 그 사이에 스펙뿐만 아니라, 간판업을 하며 망치를 들던 내 손에 어느새 마이크가 들렸고, 나는 강의하는 강연가가 되었다. 9년, 끊임없이 변화의 과정을 거듭했다. 아이들은 제쳐두고 혼자 공부한다는 것이 마음에 걸렸지만, 그렇다고 가던 길을 멈출 수 없었다.

아들이 대학 진학을 준비할 때 '말없이 보여주는 삶'이란 제목의 자기소개서를 보게 되었다. 거기에는 이렇게 적혀 있었다. '자영업을 하셨던 아버지께서는 우리에게 공부할 수 있는 동기부여를 주겠다며 47세에 방송고에 입학하셨습니다. 그러다 말겠지 싶었지만, 3년 동안 학교에서 수많은 상장을 받아오셨고, 대학을 진학하셔서 대학원을 마치시더니, 지금은 직업까지 바꾸셔서 동기부여 강사가 되어 전국을 누비십니다. 그런 아버지를 보면서, 우리는 안 하던 공부를 시작하지는 못했지만, 사람이 마음만 먹으면 못 해낼 일이 없구나! 라는 교훈을 배웠습니다. 지금의 제가 긍정적인 열정을 가지게 되어 스스로 여행 경비를 벌어 유럽의 9개국을 배낭여행을 할 수 있게 된 계기도 아버지의 도전 정신과 한번 먹은 마음은 끝까지 해내고야 마는 열정을 배웠기 때문입니다. 아버지께서는 지금도 우리에게 이래라저래라 말씀하지 않으십니다. 그것은 몸소 실천으로 보여주는 삶을 통해 자식으로서, 산

지식으로 배우고 있기에 말이 필요 없기 때문입니다.'

내 아이들이 긍정적인 마음가짐을 가지게 된 것이 무엇보다 큰 위로이자 보상이었다. 내가 보여준 건, 공부, 그 자체가 아니라 늦었다고 포기하지 않는 삶의 태도였다. 지금 아이들은 각자 자기 길을 찾아 열심히 살고 있다. 나는 그게 감사하다. 그것이 내가 공부한 이유이자 결실이라고 믿는다. 이제 아이들은 또 말한다. "아버지 덕분에 지금의 우리가 있어요." 그 말을 들을 때마다 나는 그 어느 학위보다 더 큰 자부심을 느낀다. 늦깎이 학생이 되어 학업에 도전한 나의 모습은 단순한 배움이 아니라, 삶으로 가르치는 교육이었다. **교과서 대신 땀과 의지로 쓴 나의 노력은 아이들에게 포기하지 않는 태도와 도전의 가치를 심어주었다.** "늦었다고 주저하지 말라!" 하고자 하면 언제든 시작할 수 있다는 메시지를 몸소 보여주었다. 나의 책상은 아이들의 거울이 되었다. 나의 졸업장은 단순한 학위가 아니라, 인생을 향한 끈질긴 태도의 증거가 되었다. 그 모습은 아이들에게 용기와 자신감을 주었고, 삶의 주도권은 나이보다 의지에 달려 있음을 각인시켰다.

오늘의 표현 점검

자식에게 어떤 길을 가르쳐 주어야 할까요?

04

배우는 태도가
아이의 기준이 된다

− 노자 (老子)

아버지의 모습은 언제나 아이들에게 하나의 거울이다. 말하지 않아도, 굳이 가르치지 않아도, 아이들은 부모의 등을 보고 자란다. 부모의 삶이 곧 교육이요, 말보다 강한 가르침이다. 그런 의미에서 나는 한때 부끄러운 아버지였다. 나는 아이들에게 늘 공부하라고 말하면서도, 정작 나 자신은 오래전 학교 문턱을 떠난 채, 늘 바쁘다는 핑계로 삶을 유지하기에 급급했다. 먹고살기 위한 일, 가정을 지키기 위한 책임이라는 이름으로 나의 성장은 멈췄다. 사실 내가 멈춰 있다는 자체도 인식하지 못했다. 그러던 어느 날, 거울처럼 내 삶을 비추는 두 아이의 눈빛을 보았다. 아이들이 공부를 힘겨워하고, 때로는 방향을 잃고 방황하는 모습을 보이자, 나는 자책했다. 나는 아이들에게 포기하지 마

라. 끝까지 가라고 말했다. 그런데 나는 과연 끝까지 가본 적이 있는가? 나는 내 한계를 시험해 본 적이 있었는가? 그래서 나는 결심했다.

말하지 않아도 배우는 시간

아이들에게 단순히 조언하는 아버지가 아니라, 삶으로 보여주는 아버지가 되겠다고 결심했다. 이때가 앞 장에서 말했던, 47세에 공부를 시작한 바로 그 시기였다. 마흔일곱 살에, 고등학교에 진학했다. 나이가 들수록 배우는 것이 힘들어진다는 걸 실감했다. 젊은 시절보다 더 큰 용기가 필요했다. 동년배의 나이들도 많았지만, 자식보다 어린아이들 사이에서 책을 펴는 일은 쉽지 않았다. 머리 숙여 질문하는 것도, 모른다고 인정하는 것도, 자존심을 내려놓아야 했다. 하지만 바로 그 순간이 나를 성장시켰다. 배우겠다는 자세를 가질 때, 비로소 진짜 배운다는 것도 알았다. **모르는 것은 부끄러운 것이 아니다, 묻지 않는 것이 부끄러운 것이다.** 그런 내 모습을 내 아이들은 어떻게 볼지도 생각했다.

늦게 듣게 된 사실이지만, 그때의 아이들은 내가 공부하는 모습을 보고, 곧 그만두겠지, 생각했단다. 그러나 시간이 지난 후에도 내가 그만둘 기미를 보이지 않자, 아버지의 열정을 인정해 주기 시작했단다. 존중의 눈빛을 보내기도 했다. "아버지, 힘들지 않으세요?"라고 묻기도 하고, "아버지도 중간고사 준비하세요?"라며 놀리기도 했다. 어느 순간부터 아이들의 말 속에 나를 인정한다는 마음이 느껴졌다. 엄지를 치켜세우며 "아버지, 인정!" 아이들이 메시지를 보냈다. 그것은 세상 그 어떤 상장이나 칭찬보다도 값진 응원이었다.

나는 아이들에게 공부는 단순히 지식을 쌓는 것이 아니라고 말했다. 공부는 삶의 태도를 만드는 일이다. 내가 아이들에게 주고 싶었던 것도 바로 그것이다. 단순히 성적이나 졸업장이라는 결과물이 아니라, 끝까지 배우려는 자세와 더 나은 나를 만들겠다는 마음가짐. 그 마음으로 할 수 있다면 실패해도 괜찮고, 넘어져도 문제가 되지 않는다고 말해주었다. 공부를 다시 시작하면서 나 자신도 더 깊은 깨달음을 얻었다. 인생의 후반에 다시 배우는 공부는 젊은 시절의 공부와는 달랐다. 젊을 때는 그저 경쟁과 성취를 위한 공부였다면, 지금은 나와 아이들의 삶에 의미를 더하기 위한 공부였다. 책 속의 지식이 아니라, 삶 속의 지혜를 배우는 공부였다. 그것은 단순히 무엇을 알게 되는 것이 아니라, 어떻게 살아야 하는지를 묻는 공부였다.

나는 아이들에게 말했다. 아버지도 아직 배우고 있다. 나도 아직 완성된 사람이 아니다. 그래서 너희가 나를 보고 배우듯이, 나도 너희를 보며 배운다. 그 말을 하면서 부모와 자식의 관계는 일방적인 방향이 아니라는 것을 느꼈다. 나의 성장은 곧 아이들의 성장이고, 아이들의 성장은 곧 나의 성장이 되었다. 우리는 서로의 거울이 되어 함께 나아진다.

세상은 빠르게 변하고, 지식은 하루가 다르게 쏟아진다. 그래서 더

더욱 배움을 멈추면 안 된다. 아이들에게도, 자신에게도. 내가 다시 공부를 시작한 것은 단순히 직장이나 성공을 위한 것이 아니었다. 아이들에게 살아가는 동안 배움은 끝나지 않는다는 것을 보여주고 싶었다. 내가 책을 펴는 모습, 강의실에 앉아 필기하는 모습, 시험공부에 집중하는 모습, 때로는 떨어지고, 다시 도전하는 모습. 그 모든 것이 아이들에게는 하나의 교과서가 된다. 멋있는 아버지가 되기 위해서가 아니라, 끝까지 배우는 아버지로 살기 위해서, 그리고 언젠가 아이들이 세상에 부딪혀 흔들릴 때 이렇게 말해주고 싶다.

"아버지도 그랬다. 포기하고 싶었다. 끝까지 하려고 했다. 왜냐하면, 그게 살아남는 방법이니까."

조언보다 앞서 있던 삶

아이들은 부모가 가르치는 대로 살지 않는다. 부모가 살아가는 대로 산다. 그래서 나는 오늘도 책을 편다. 매일 쓰고 매일 읽고 매일 배운다. 아이들이 나를 보고 배우듯 나 역시 아이들에게 배우며 진화하는 사람이 되려고 한다. 아니, 더 나은 삶이 되려고 한다. 이 길은 쉽지 않지만, 이 길이 가장 옳다고 생각한다. 그리고 이 길이야말로 아이들에게 줄 수 있는 가장 큰 유산이다.

내가 어떤 사람이 되어야 하는지를 나는 지금도 배우고 있다. 아이들이 어떤 눈빛으로 나를 지켜보고 있는지를, 내가 어떻게 살아야 아이들이 부끄럽지 않게 내 이름을 불러줄지를, 오늘도 나는 책상 앞에 앉는다. 그 모습이 아이들에게 한 줄의 시가 되기를 희망한다. 우리들의 삶이 한 권의 책이 되기를 바란다. 그리고 아이들에게 이렇게 말할 수 있기를 바란다. 뒤늦게 시작한 공부는 단순한 학위 취득이 아닌, 나 자신에게 주는 선언이었다. 나는 여전히 성장하는 중이라는 분명한 증거, 과거에 머물지 않고 미래를 향해 가는 힘, 그것이 바로 공부였다고.

말하지 않아도 아이들은 배운다. 부모가 어떤 말을 하는지보다, 어떤 하루를 사는지를 더 오래 기억한다. 약속을 지키는지, 힘든 순간에 사람을 대하는 태도가 어떤지, 실패 앞에서 물러서는지, 다시 일어서는지를 아이들은 말없이 보고 있다. 부모가 불평으로 하루를 견디면 세상은 버거운 곳이 되고, 묵묵히 책임을 감당하면 삶은 견딜 만한 것이 된다. 아이에게 부모는 설명하는 존재가 아니라 살아 있는 예문이다. 그래서 훈계보다 생활이 먼저다. 자식은 부모의 말이 아니라, 부모의 선택을 따라 자란다. 부모가 살아가는 모습 그 자체가 아이의 인생 교과서다.

나이는 숫자에 불과하고, 배움은 언제나 삶을 새롭게 설계할 수 있는 도구임을 깨달았다. **공부는 나에게 이루지 못한 꿈이 아닌, 이루어 갈 꿈을 향한 용기를 주었다.** 지금도 그 길 위에서 나는 멈추지 않는다. 그것은 나의 가능성을 다시 쓰는 여정이다. 나만의 비전을 현실로 바꾸는 가장 확실한 길이 되었다. 아버지는 끝까지 배우는 사람이고,

너희도 그렇게 살아주길 바란다고 말해주고 싶다.

그것이 내가 아이들에게 보여주고 싶은 아버지의 모습이다. 다시 공부하는 삶은 나를 위한 길이자, 아이들을 위한 길이었다. 그렇게 나는 오늘도, 그리고 내일도 배움을 놓지 않는다.

자녀에게 가장 자신 있게 보여주고 싶은 모습이 있다면, 어떤 모습인가요?

05

세상 앞에,
내 목소리를 꺼내다

말하는 사람만이 역사의 일부가 된다.

— 엘리 위젤 (Elie Wiesel)

강사가 되겠다는 결심을 하고 나니 막막했다. '무슨 강의를 하지?' 인터넷을 뒤져보니 대한민국의 강사들이 모든 분야의 강의를 다 해버린 것 같았다. 내가 무슨 말을 해도 뒷북치는 강의가 될 것 같았다. 어떤 분야의 강의를 하지? 내가 말하고 싶은 게 뭐지? 내가 뭘 잘하고, 뭘 좋아하지? 아무리 쥐어짜도 답을 얻지 못했다. "강사가 되겠다고 마음을 먹다니!" 한심했다. 무식이 용감이라더니 딱 그 꼴이다.

2010년, 간판업을 하면서 일주일에 한 번, 성인 대상 '스피치 과정' 강사로 활동했다. 함께하던 강사 중에 학교에 진로 수업을 진행하는 강사가 있어 그분과 함께하게 되었다. 그때부터 간판 일하면서, 간간이 학교에 강의하러 다녔다.

보이지 않는 길을 따라

그러던 어느 날, 자신이 시간당 1백만 원 받는 자칭, 명강사라는 사람이 나를 찾아왔다. 일면식도 없는 그는 오랫동안 나를 지켜봤다고 했다. 내가 강의도 잘한다는 소문을 듣고 왔다며 추켜세웠다. 제자를 키우고 싶으니 함께 하자고 제의했다. 내가 운영하는 간판 가게를 날마다 찾아와 강사가 되라고 설득했다. "제가 보기에 최호용 강사님이 전업 강사가 되면, 시간당 1백만 원을 받는 명강사가 되고도 남을 재능이 있습니다."라며 책임을 지고 그렇게 만들어 주겠다고 했다. 그는 이틀이 멀다고 찾아왔다. 나에게 술도 사고 밥도 사면서 강사가 되라고 들들 볶았다. 만약 그가 보상의 대가를 제시했다면, 사기꾼인가 싶어 단번에 거절했겠지만, 그런 것도 아니어서 투자한 게 없으니, 안 돼도 손해 볼 거 없겠다고 생각했다. 3개월 만에 나는 그의 제의를 받아들였다.

무엇을 시작하면 끝을 본다는 근성을 가진 나는 그의 말만 믿고 강사가 되어보겠다고 간판 집을 접었다. 24시간 가까이서 밀착 코치를 받자고 해서, 그가 사는 곳으로 이사하기 위해 집도 팔았다. 마치 베드로가 그물을 던지고 예수님을 따르듯이 그가 사는 곳으로 이사했다. 지금 생각해도 무슨 정신이었는지 모르겠다. 나는 그를 멘토라고 불렀다. 강의를 배운다는 명분으로 모든 일상을 그와 함께했다. 그의 가방을 들고 강의장을 따라가고, 운전도 하고, 그의 손발이 되었다. 강사가 될 수 있다면 노예라도 될 각오였다.

강의 외에도 그가 진행하는 강사 만들기 과정에 수강생을 모집하는데, 나의 인맥을 동원해 도움을 주었다. 어떤 불이익이 있어도 강의를 가르쳐준다는 명분으로 참았다. 가까이 지내다 보면, 또 편하게 지내다 보니 과하다 싶을 때도 있고, 이건 아니다 싶을 때도 있었지만, 나는 언제부터인지 '을'이 되어있었다. 굴욕스럽고, 모멸감을 느낄 때도 있었지만, 멘토라는 이유로 참았다. 되돌릴 수 없었다. 그런 과정도 강사가 되기 위한 내공을 다지는 공부가 될 테니 견디라고 했다. 무엇보다 스스로 선택했으므로 누구를 탓할 수도 없었다. 배수진을 치고 뛰어들었지만, 정작 강의의 주제를 정하지 못해 전전긍긍하는 꼴이 되고 말았다. 멘토가 있지만, 강의 주제 발굴은 오롯이 내 몫이었다. 잘해도 내 탓, 못해도 내 책임이다. 누구도 도움이 되지 않았다. 총알 없이 전쟁터에 던져진 꼴이었다.

6개월이 지났지만, 여전히 강의는 꿈도 꾸지 못했다. 주제도 정하지 못하고 있었다. 책상에 앉아 공부하려니 집중이 안 돼서 생각한 방법이 차를 타는 거였다. 구미에서 대전까지, 대구나 부산까지 다녀오기도 했다. 고속도로에서 차 안에 나를 가두는 방법으로 차 안에서 강의 연습했다. 연습이라고 해봐야 뚜렷한 주제도 없는 횡설수설이다. 낡은 승용차 안에서 책을 읽고, 연습도 하고, 혼자만의 전쟁을 계속했다. 책도 마음이 편해야 읽힌다. 혼란스러운 현실에 책이 눈에 들어오지 않았다. 집 팔아 간 곳에서 수중에 있던 돈도 바닥이 나고 있었다. 낡은

차 바닥에서 매연이 올라와 메스꺼웠다. 배가 고팠다. 무엇을 먹을까? 때마다 얼마짜리를 먹을까? 고민해야 했다. 고속도로에 뿌리는 기름 값으로 집구석에 앉아 밥이나 먹을 걸 싶었다.

불현듯 내 인생이 이렇게 쪽박을 차는가 싶었다. 사람이 극한에 처하면 그런 생각이 드는 걸까? 갑자기 기도가 하고 싶어졌다. 하나님 앞에서는 울어도 될 거 같았다. 기도 외에는 할 수 있는 것이 없었다. 자동차 바닥을 두 발로 쿵쿵 내리찍었다. 몸을 뒤로 젖혀 조수석 쪽으로 두 발을 치켜들어 버둥대며 걸어찼다. 그냥 화가 났다. 입에서 절절한 소리가 새어 나왔다. "하나님, 강의 제목을 달라고 그렇게 기도했는데 왜, 왜 안 주십니까?" 가슴 밑바닥에서부터 뜨거운 것이 솟구쳤다. 그것은 볼을 타고 내려와 입꼬리로 스며들었다. 세상에 버려지는 느낌이었다. 모든 것이 파탄 난 것 같았다. "헉, 하악, 아아아악"

"구하면 준다면서요. 두드리면 열린다면서요. 왜…, 왜 아무 말도 떠오르지 않습니까?"

차 안이라 누구의 눈치도 볼 필요 없었다. 또 한 번 차 바닥을 걸어찼다. 양손으로 핸들을 번갈아 내리쳤다. 나는, 나는, 도대체 세상을 향해 무엇을 표현할 수 있습니까! 순간, 번득이는 뭔가가 뇌리를 스쳤다. 나의 외침 속에서 단어 하나가 귀를 때렸다. 내가 방금 뭐라고 했지?

"표…현…? 그래, 나 방금 표현이라고 했어. 표현? 그래, 맞다, 표현
이다!"

간절함이 열어 준 말의 길

나는 30년 가까이 연극배우였다. 연출 경력이 있다. 30여 년 간판
미술 공사를 운영했다. 그림도 잘 그리고, 글도 잘 써서 상도 많이 받
았다. 노래도 잘하고, 춤도 잘 춘다. 요리도 잘한다. 그러고 보니, 내가
표현할 수 있는 것이 너무나 많았다. 그리고 무엇보다 고생을 많이 했
기 때문에 체험을 바탕으로 할 수 있는 이야기가 내 안에 무궁무진하
다. "그래, 맞다. 표현이다. 오! 하나님, 감사합니다. 표현을 주셔서 감
사합니다." 나는 차에서 내렸다. 마음은 자동차 지붕을 뚫고 솟구쳐 올
라 휴게소 지붕 위로 점점 하늘 위로 날아가는 것 같았다. "그래, 나는
표현을 강의해야겠다!" 무릎을 '탁' 쳤다. 바로 검색창에 '표현 강의'라
고 쳤다. 아무도 하고 있지 않았다. 그 순간 나는 선언했다. '대한민국
1호 표현 강연 주창자 최호용' 자판에 엔터키를 내리쳤다. 그때부터 내
이름이 검색창에 등록되었다.

누군가에게 이런 말을 들은 적이 있다. 꿈을 이루기 위해서는 '선 뺑'
을 날려라. 먼저 '뺑'을 쳐라, 나중에 수습하면 된다는 뜻이다. 작가가
되고 싶으면, 먼저 작가라는 호칭을 스스로 붙여라. 책도 한 권 안 쓴
사람이 작가라고 하느냐고 하겠지만, 일단 저질러 놓는 사람이 실행할
가능성도 크다는 게 그의 말이었다. 그래서 나는 세상을 향해 선포했

다. 그리고 이 사명은 반드시 내가 이룬다고 선언했다. 책도 열 권 이상 쓰겠다고 다짐했다. 지금, 이 책을 쓰는 원천적 힘이 아마 거기에서 시작됐을 것이다.

그날 이후, 나의 표현 강의가 시작되었다. 우리나라가 OECD 국가 중에서 가장 행복지수가 낮은 이유는, 표현의 부재에 있다고 결론을 내렸다. 소통이 안 돼서 힘들어하는 많은 사람에게 표현의 중요함을 전해야겠다고 생각했다. 표현을 잘해야 소통되고, 표현을 잘하는 사람이 성공하고, 행복한 사람들은 표현을 잘한다는 내용이 내 강의의 메시지가 되었다. 나는 그렇게 세상을 향해 나의 목소리를 내기 시작했다. 내가 찾던 강의 주제는 거창한 이론이나 화려한 프레젠테이션이 아니다. 그건 바로 나 자신, 내가 살아낸 이야기, 내가 견뎌낸 시간 속에 있었다. 이제 나는 자신 있게 말한다. **나는 표현으로 세상과 연결하는 사람이다. 그리고 나의 표현은 소통의 등불이 될 것이다.** 세상을 향한 나의 목소리는 그렇게 시작되었다.

오늘의 표현 점검

세상을 향해 외치고 싶은 당신만의 목소리는 무엇인가요?

06

표현하지 않으면
삶은 절반만 남는다

표현하는 삶이 나를 살렸다

간판장이가 '대한민국 1호, 표현 강연 주창자'라는 타이틀로 강사가 되기까지, 나를 깨운 한마디는 이것이다. "세상에 모든 것은, 표현하기 위해 존재한다." 나는 30여 년 간판을 만들며 살았다. 달고, 철거하고, 다시 달기를 반복하는 삶이었다. 연극배우로 활동도 했기에 사람들은 나를 '간판 배우'라고 불렀다. 하루가 어떻게 지나가는지도 모를 만큼 늘 바빴고, 밥숟가락 놓자마자 일을 시작하는 습관도 그때 생겼다. 나이를 먹는 것도 잊고 살았다. 나는 그 일을 천직으로 여겼다. 무엇보다, 그 일이 그렇게 재미있을 수 없었다.

그러다 문득, 허무의 문턱에 서게 될 때가 있다. 지인들의 부고를 받을 때마다 이런 생각이 들었다. '사는 게 왜 이렇게 허무하지?' 나도 별반 다르지 않은 삶을 사는데, 이렇게 살다 죽기에는 왠지 내가 너무 아까운 사람이라는 생각이 들었다. 간판장이로 살다가 죽고 싶지는 않았다. 직업이 초라하다는 말이 아니라, 이루고 싶은 꿈이 아직 너무 많았기 때문이다. 꿈을 접은 채 사는 미래는 나에게 미래가 아니었다. 더 늦기 전에 꿈을 꺼내기로 마음먹었다. 안 되는 것이 두려워 시도조차 하지 않으면, 평생 비굴하게 살아야 한다. 그때부터 간판 일을 하면서도 시간을 들여 나의 재능을 단련하기 시작했다.

내겐 코흘리개 때부터 단 한 번도 버리지 않았던 꿈이 있다. 배우로 사는 것이다. 열아홉 살에 시작한 연극배우 경력은 어느덧 30년에 가까워졌지만, 정작 내가 꿈꾸던 영화와 드라마의 길은 쉽게 열리지 않았다. 학벌이 발목을 잡던 시절도 있었고, 스펙의 시대가 지나간 뒤에는 길을 몰랐다. 서른 살 무렵, 구미 시립 극단을 맡아 제작과 연출을 하고, 개인 극단도 운영했지만, 연극 무대만으로는 배우의 갈증을 채울 수 없었다.

지방에서 생업을 병행하며 연기자의 길을 찾는 데는 분명한 한계가 있었다. 그럼에도 그 꿈은 지금까지 나를 놓아주지 않았다. 매체 연기를 위해 에이전시나 기획사에 프로필을 등록하고, 가뭄에 콩 나듯 들어오는 섭외를 기다린다. 간판업을 끝내고 특강 전문 강사가 되어 바쁜 일정을 소화하던 시절도 있었지만, 배우가 되기 위해 전업으로 매달리지 못하는 현실적인 문제도 있다. 지금은 1순위로 시작할 수 있지만, 기회가 쉽게 오지 않는다. '배우로 산다는 것'은 내 뼛속에 새긴 꿈이다. 배가 고파도 즐길 수 있는 일이 있다면, 바로 그 일이다.

한때, 나는 '좋은 사람'이라는 이름으로 살았다. 좋은 아버지, 좋은 남편, 좋은 동료, 부르기도 좋고 듣기도 좋은 말이지만, 그 이름 아래서 나는 점점 작아졌다. 하고 싶은 말이 있어도 하지 못했다. 이루고 싶은 꿈도 미뤘다. 그때의 나는 자신을 지키는 법을 몰랐다. 드러내는 법을 두려워했다. 사람들에게 보이고 싶은 모습과 내가 진짜 원하는 모습은 달랐기 때문이다.

그러나 문득 이런 생각이 들었다. '이러다 내 인생은 끝나겠구나.' 그 생각이 나를 흔들어 깨웠다. 숨기고 사는 삶은 결국 껍데기뿐이었다. 겉으로는 웃지만, 속으로는 타들어 간다. 그러다, 다시 무대에 올랐다. 무대 위에서 나를 드러내기 시작했다. 숨겨두었던 이야기를 꺼내놓고, 잃어버렸던 내 목소리를 되찾았다. 그 순간 내가 느낀 것은 아, 내가 다시 살아 있구나.

자신을 드러낸다는 것은 쉽지 않다. 하지만, 못 할 일도 아니다. 누구나 할 수 있다. 배우가 된다는 것은 대사를 외우는 일이 아니고, 모델이 된다는 것은 멋진 옷을 입는 일이 아니며, 강연자가 되는 것 또한 좋은 말을 늘어놓는 일이 아니다. 결국, 모든 것은 하나로 귀결된다. 나를 믿고, 나를 드러내는 일이다. 그때 비로소 부족함도 함께 드러나고, 그 진정성이 사람의 마음을 움직인다.

학교 강의장에서 아이들의 눈빛을 마주할 때, 연극 연습실에서 호흡을 맞출 때, 무대에서 관객이 숨죽이며 내 대사에 귀 기울일 때, 나는 확신한다. 내가 표현하지 않았다면, 이 순간의 나도 없다는 것임을.
　표현한다는 것은, 나를 믿는 행위다. 내 안의 가능성을 믿고, 내 이야기에 힘이 있다는 걸 믿는 것이며, 내 꿈이 아직 끝나지 않았음을 믿는 것이다. 그 믿음이 있었기에 나는 다시 꿈꿀 수 있다.

늦기 전에 표현하라

　사람들은 말한다. 꿈은 가슴에 품는 것이라고, 하지만 나는 다르게 말한다. 꿈은 펼쳐야 한다. 꿈은 품고만 있으면 점점 작아진다. **꿈은 말로 꺼내고, 글로 쓰고, 그림으로 그리고, 세상에 보여줄 때 살아난다.** 그때 비로소 꿈은 상상이 아니라 현실이 된다. 그전에는 한낱 상상의 조각에 불과하다. 나이가 많다고 꿈을 접어야 할 이유는 없다. 오히려 나이가 들수록 더 꿈꾸어야 한다. '저 사람 나이가 몇인데.'라고 할지 몰라도 꿈은 나이와 상관없다. 시간이 부족하기 때문이다. 나는 괜찮았다. 꿈이 나를 살렸기 때문이다. 좋은 아버지로서 자식들에게 부끄럽지 않으려는 마음도, 더 늦기 전에 하고 싶은 일을 하려는 마음도,

모두 표현하는 삶 안에서만 가능했다.

내가 무대에 섰던 것도, 글을 쓰기 시작한 것도, 카메라 앞에서 선 것도, 모두 꿈을 표현하는 일이다. 내가 아이들에게 남겨주고 싶은 것도 화려한 업적이 아니다. 그저 끝까지 꿈꾸고 표현하는 아버지의 모습이다. "우리 아버지는 아직도 도전해." 그 한마디면 충분하다.

표현하는 삶은 사람을 살린다. 표현하지 못한 사랑은 관계를 시들게 하고, 표현하지 못한 미움은 자신을 시들게 한다. 표현하지 못한 감정은 마음을 막고, 마음이 막히면 삶도 막힌다. 반대로 표현하는 순간, 관계는 열리고 삶은 다시 흐르기 시작한다. 그리고 표현하는 순간, 다시 꿈꿀 수 있다.

"자신을 믿고, 원하는 꿈을 말하고, 마음을 꼭 표현하며 살아라."

나는 아직 완성되지 않았다. 하지만 나는 매일 살아 있는 삶을 살고 있다. 오늘도 나를 믿고, 나를 드러내며, 내 꿈을 표현한다. 그것이 나를 살리고, 나를 사람답게 만든다. 표현하는 삶이 나를 살렸다. 그리고 앞으로도 나를 살릴 것이다.

당신이 펼친 꿈은 어떤 꿈인가요?

07

감정이 통과하지 않은
말은 힘이 없다

도서관 책을 통째로 외우고도 실행이 없다면, 한 줄도 읽지 않은 것과 같다.

– 최호용

표현이란 단어는 누구에게나 익숙하다. 심리학적으로도, 언어학적으로도 의사소통의 핵심은 표현이다. 우리는 어릴 때부터 솔직하게 말해라, 감정을 잘 표현해야 한다고 배웠다. 그러나 정작 머리로는 아는데, 실제로는 왜 잘 안 될까? 여기서부터가 핵심이다. 표현은 지식으로 아는 것과 가슴으로 실행하는 것 사이에 큰 차이가 있다. 이를 메우는 데에는 단순한 정보 이상의 성찰과 훈련이 필요하다.

지식으로 아는 표현은 머리로 아는 것을 말한다. 심리학자인 폴 에크만(Paul Ekman)의 '감정 표현 연구'에 따르면, 감정에는 기본적으로 일곱 가지의 보편적 감정이 있고, 우리는 얼굴과 몸짓을 통해 표현되는 감정을 인지한다. 언어학적으로는, 구체적인 단어를 사용하거나 '비폭력 대화'에서처럼 상대방의 기분과 욕구를 존중하는 언어를 사용할 때 감정을 인지하거나 배운다고 되어있다.

예를 들어, 한 아버지가 강연장에서 감정을 표현하는 방법을 배운다. 그는 고마운 마음을 표현하면 관계가 좋아진다는 것을 머리로는 이해한다. 훈련 시간에 '아이에게 사랑한다고 말하라'라는 지시를 받았을 때, 그는 "사랑해."라는 문장을 또박또박 말한다. 머릿속에서는 '표현했다'라고 생각한다. 그러나 목소리는 딱딱하고, 표정도 굳어 있고, 진심이 담기지 않는다. 왜일까? 그는 '표현의 기술'을 배웠을 뿐, 그 감정을 느끼고 공감하지 못한 채 외형적 과제만 수행했기 때문이다.

이것이 지식으로만 아는 표현의 한계다. 표현이 행동으로 나타나기는 하지만, 그것이 관계의 질을 바꾸지는 못한다. 오히려 기계적이거나 부자연스럽다. 상대방에게는 형식적이라는 인상을 줄 수 있다. 가슴으로 실행하는 표현을 해야 마음이 통한다.

반대로, 가슴으로 실행하는 표현은 다르다. 심리학자 칼 로저스(Carl Rogers)의 용어를 빌리자면, '진정성'(authenticity)이 바탕에 깔려있는 것이 가슴으로 실행하는 표현이다. 진정성은 자신이 느끼는 감정을 회피하지 않고 인정하고, 감정을 솔직하고 적절한 방식으로 드러내려고 한다고 되어있다.

예를 들어, 같은 아버지가 어느 날 퇴근 후, 아이가 잠든 얼굴을 보고 문득 울컥하는 마음을 느낀다. 말로는 설명할 수 없는 복합적인 감정이 올라온다. 그 순간 아이의 볼을 쓰다듬으며 작은 목소리로 말한다. '아빠가 오늘 너 생각 많이 했어. 사랑한다.' 그의 말은 더듬거리고 서툴지만, 아이는 그 순간 눈을 뜨고 아버지를 꼭 안는다. 그 이유는 단순하다. 머리에서 나온 문장이 아니라, 마음을 통과해 나온 말이기 때문이다.

특히, 이는 심리치료에서 자주 보는 상황이다. 내담자가 사과해야 한다는 건 알겠는데, 하다가 막상 드러내지 못하다가, 자기 안의 감정을 충분히 느끼고 난 후, 비로소 상대에게 "정말 미안해. 내 잘못이야."라고 말한다. 인지행동치료(CBT)에서는 이러한 차이를 '인지적 이해'와 '정서적 실행'으로 구분한다. 머리로 상황을 해석하고 올바른 선택을 하는 것과 실제로 그 선택을 정서적으로 느끼고 행동으로 옮기는 것은 다른 영역이다. 지식으로 아는 표현은 전두엽의 인지적 통제에서 비롯된다. 논리적, 이성적 판단을 바탕으로 형식적 표현을 시도한다. 가슴으로 실행하는 표현은 편도체와 해마 등 감정을 관장하는 영역과 연결되어, 실제 감정을 수용하고 내면의 진실과 일치하는 표현을 유도한다. 신경과학 연구에서도 감정 조절을 잘하는 사람일수록 얼굴 근육의 미세 움직임과 목소리의 억양에서 진정성이 드러나고, 상대방은 이를 더 쉽게 감지한다고 보고된다. 표현의 질을 결정하는 것은 단순한 기술이 아니라, 감정과의 접촉이다.

표현을 잘하기 위해서는 기술을 배우는 것 이상으로, 내 감정을 충분히 느끼고 그것을 인정하는 것이 중요하다. **지식으로만 아는 표현은 삶을 바꾸지 못한다. 오히려 마음에서 우러난, 가슴으로 실행하는 표현이야말로 관계를 살리고 자신을 살린다.**

나는 강사로서 강연장에 설 때도, 배우로서 무대 위에 설 때도, 모델로서 카메라 앞에 설 때도, 이 진리를 체험했다. 기술만으로는 사람을 울릴 수 없고, 진심 없는 표정으로는 사진 한 장도 건질 수 없다. 아이들에게 사랑한다고 말할 때도, 청중에게 용기 내라고 외칠 때도, 먼저 나 자신과 연결된 감정을 느끼고 표현했을 때만이 진정성이 전해졌다. 머리로 아는 표현이 아닌, 가슴으로 실행하는 표현. 그것이 곧 나를 살리고, 관계를 살리고, 삶을 바꾸는 길이다.

우리는 올바른 표현법을 배워야 한다. 하지만 더 중요한 건 느끼고 말하는 법을 배우는 것이다. 가슴으로 말하라. 그래야 당신의 말이 살아난다. 사람들과 잘 지내기 위해, 좋은 관계를 맺고 유지하기 위해서 표현이 중요하다는 건 모르는 사람이 없다. 문제는 아는 것과 하는 것은 전혀 다르다는 것이다.

'성공하는 법은 누구나 알고 있다. 다만 실천하지 않을 뿐이다.' 이 말처럼 우리는 표현도 머리로는 알면서 가슴으로 하지 못하는 경우가 많다. 그것을 전문적인 용어로 '지식의 저주'(Curse of Knowledge)

라고 한다. 자신이 알고 있다는 이유로, 다른 사람도 알고 있다고 생각하는 것, 또는 머리로 아는 것을, 가슴으로 하고 있다고 생각하는 것이다. 지식의 저주는 사실 자신에게도 적용된다. 나는 내가 알고 있으니, 이미 잘하고 있다고 착각한다. 하지만 그렇지 않다. 아는 것과 할 줄 아는 것은 다르다. 그리고, 할 줄 아는 것과 실제로 하는 것은 하늘과 땅 차이다.

나도 한때는 표현이 서툴렀다. 그래서 나만의 방법을 만들었다. 예를 들어, 스마트폰에 전화번호를 저장할 때 이름과 번호만 입력하는 것이 아니라, 그 사람의 특징과 내가 어떤 마음으로 그를 대하고 싶은지를 함께 저장했다. 오구석 '친절하게', 서병균 '위로하기', 새한 사진관 '감사함'이라고 저장했다. 통화할 때마다 이 메모를 보며 그 사람의 특별함을 되새겼다. 예를 들어, 오구석 씨는 사진만 봐도 기분이 좋아지는 사람이다. 치료받고 있는 서병균 씨에게는 힘이 되는 말을 해주고 싶었다. 단골인 새한 사진관은 늘 고마운 마음으로 목소리 하나에도 따뜻함을 담으려 애썼다. 가족에게도 이 방법을 적용했다. 어머니, '나의 가장 큰 힘', 아들, '부드러운 대화 칭찬하기', 딸, '주님과 대화하는 마음으로' 이런 메모 하나가 태도를 바꾸고, 관계를 변화시키려 애쓰는 나에게 큰 도움이 되었다.

이런 사소한 실천 하나로 나는 관계 속에서 변화가 일어나는 것을 느겼다. 말로는 표현이 중요하다고 한다. 사람들은 따뜻한 말에 감동한다는 걸 알면서도, 정작 그런 표현을 실천하지 못할 때가 많다. 그리고, 그런 사실조차 인지하지 못할 때도 있다. 머리로 아는 표현은 지식이지만, 가슴으로 하는 표현은 변화다. 머리에만 있는 지식은 관계를 움직이지 못한다. **표현은 안다고 되는 것이 아니라, 의도적으로 의식하고 연습하고 실천해야 한다.** 그래서 나는 한 번 더 강조한다. 자기만의 표현 방법을 하나쯤 만들어보자. 작은 메모라도 좋고, 일기나 메시지를 적는 습관도 좋다. 중요한 건, 내가 알고 있는 표현을 가슴으로 옮겨가는 과정을 시작하는 것이다. 그것이 바로 표현이 머리에서 가슴으로 내려오는 순간이다. 말로만 아니라 실제로 그렇게 할 때, 우리는 관계를 바꾸고, 삶을 바꾸는 사람이 된다.

오늘의 표현 점검

진심을 전달하는 당신만의 고유한 방법을 가르쳐 주세요.

08

말에도
설계도가 필요하다

말을 아는 사람은 침묵의 가치를 알고, 말을 모르는 사람은 함부로 소리친다.

– 작자 미상

결과보다 먼저 배운 것

방송통신고등학교 2학년 시절, 나는 전국 소묘 대회에 출전했다. 어릴 때부터 그림을 잘 그린다는 말을 듣긴 했지만, 제대로 배워본 적은 없다. 중학교 다닐 때, 미술 시간에 그려본 정도가 전부다. 제대로 된 미술 대회, 그것도 전국 대회라니 설렜다. 학교를 대표한 참가자들이 저마다 준비한 화구를 들고 대회장에 모여들었다. 대회가 시작되자 배정된 교실에 들어서니, 교실 가운데 테이블 위에 과일 몇 개가 일렬로 놓여있다. 가장자리에는 빙 둘러앉을 의자가 놓여있다. 중앙에 테이블 위에는 머리통만 한 멜론과 사과와 배가 놓여있다. 고풍스러운 느낌이 나는 나무 함지박과 꽃병, 그리고, 포도와 바나나, 복숭아도 있다. 준비된 소품을 보며 자신의 상상력을 동원해 구상한 대로 화폭에 정물을 배치하고 구도를 잡아 그리면 된다.

　나는 나무 함지박을 중앙에 놓고, 함지박 안의 포도송이를 함지박 밖으로 걸치게 놓았다. 뒤에는 멜론을 오른쪽으로 살짝 치우치게 중심을 잡고, 꽃이 꽂혀있는 꽃병을 왼쪽에 대칭으로 설치했다. 오른쪽 아래에는 사과와 복숭아를 입체감 있게 앞뒤로 놓고, 맨 앞 바닥에는 휘어진 바나나를 놓아 전체가 삼각 구도가 되게 했다. 나는 그리기 시작했다. 멜론 껍질 표면의 거친 질감과 함지박의 나뭇결과 장석의 섬세한 표현에 정성을 들였다.

　완성된 작품들을 강당 바닥에 줄지어 늘어놓고 심사가 시작됐다. 그 사이를, 채점표를 든 심사 위원들이 허리를 숙여 작품을 들여다보기도 하고, 허리를 펴고 조금 떨어진 위치에서 다시 보면서 고개를 갸웃거리기도 하며 오갔다. 그 모습을 교실 밖에서 창문 너머로 볼 수 있었다. 내 그림을 본 사람들이 일제히 '대상은 최호용이다.'라고 했다. 그런 말을 들으니 벌써 대상을 받은 것 같았다. 그런데 웃기는 것은 나도 그렇게 생각했다. 완성된 그림을 보며 "그래, 잘됐어."라고 생각했다. 솔직히 말은 안 했지만, 진짜 대상을 받을 것 같았다. 그런데 웃기지도 않는 일이 벌어졌다. 시상식에서 내 이름은 끝내 불리지 않았다. 심지어 참가작에도 들지 못했다. 헛웃음이 나왔다. 며칠 후, 잘 아는 미술 학원 선생님을 찾아가 내가 그린 그림을 보여주면서 물었다.

“선생님, 이 그림이 어디가 잘못된 거죠?”

“잘 그리긴 했는데, 이 그림은 과일을 그린 종이를 포개어 놓은 것과 같은 이치입니다.”

“그게 무슨 말씀이죠?”

“원근감의 부피가 표현되지 않았습니다.”

그제야 나는 내 그림의 문제가 무엇인지 알았다. 원근감을 모르지는 않지만, 원근감에 중요한 요소 중 하나인 부피를 표현하지 못한 것이 탈락한 이유였다. 그림은 단순히 용기만으로는 안 된다. 그림에도 표현의 기법이 중요하다는 걸 깨달았다. 나의 그림 실력은 부모님께 물려받은 타고난 재주가 전부였다. 그날 이후, 나는 시간이 날 때마다 원근법과 부피를 표현하는 기법을 연습했다.

다시, 그러나 다르게

3학년이 되던 해, 마침내 전국 대회에 다시 도전할 기회가 왔다. 그런데 이번에는 악재가 겹쳤다. 간판 일을 하다가 철판에 오른손 손등의 살점이 떨어져 나가는 사고를 당해 깁스했다. 사람들은 그런 손으로 어떻게 미술 대회에 나가느냐고 했지만 나는 포기할 수 없었다. 원근법과 부피를 표현하는 방법을 익혀 자신감에 차 있었기 때문이다.

모르면 몰라도 알고 있는 한, 나의 그림 실력을 평가받을 수 있는 마지막 기회일 수도 있는데, 포기할 수 없었다. 깁스한 오른손에 4B 연필을 들었다. 손등이 쓰라리고 아팠다. 나는 속으로 중얼거렸다. "하나님, 저에게 지혜를 주세요. 아멘." 신중하면서도 자신 있게 그리기 시작했다. 지난해 그때와는 사뭇 다른 자신감이었다. 내가 알고 있는 기법을 표현한다는 자체가 좋았다. 소리를 내지는 않았지만 내심 속으로 흥얼거리며 회심의 미소를 머금고 그렸다. 그 대회에서 나는 은상을 받았다. 방법을 알고 난 후, 나는 그림에 생명력을 불어넣었다는 걸 실감했다. 이 경험은 내 인생에서 엄청난 깨우침을 주었다. 어떤 일이든 알고 하는 것과 모르고 하는 것은, 하늘과 땅 차이라는 사실을 절실하게 배웠다.

인간관계에서 의사 표현도 이와 다르지 않다. 내 생각대로 말하고, 이 정도면 괜찮겠지, 하는 것과 상대의 입장을 고려해 말과 행동을 조율하는 것에는 엄청난 차이가 있다. 예를 들어, 칭찬할 때도 "예쁘네요, 멋지네요." 정도로는 감흥이 없다. 성의가 느껴지지 않는다. 하지만 "당신의 인내심이 정말 인상적입니다. 그 상황에서 끝까지 참아 내는 모습이 멋져요."라고 구체적으로 말하면 훨씬 더 마음에 와닿는다. 표현은 기술이다. **감정과 진심을 제대로 전달하는 방법을 배우고, 익힌 사람만이 할 수 있는 높은 수준의 표현 기법을 쓴다면, 표현은 더 깊이 전해진다.**

우리는 다양한 인간관계를 겪으며, 수많은 오해와 단절을 경험한다.

그중에 많은 부분은 표현 부족이나 표현 미숙에서 비롯된다. 사랑하면서도 미워하게 되고, 고마우면서도 원망하는 이유는 제대로 표현하지 못했기 때문이다. 그래서 나는 원만한 소통을 위해, 표현하는 방법을 배우고 연습할 필요가 있다고 강조한다.

내가 그림을 그릴 줄은 알지만, 정확하게 표현하는 법을 몰랐던 것처럼, 마음은 있지만 정확하게 표현하는 방법을 모르는 사람들이 많다. 표현도 배워야 한다. 기술이고 훈련이고 실천이다. 표현을 배우면 관계가 바뀐다. 표현을 배우면 반응이 달라진다. 그런 변화는 운명도 바꿀 수 있다.

이제는 돌아가지 않는다

표현을 알고 하는 것과 모르고 하는 것은, 마치 길을 알고 가는 사람과 모르고 가는 사람과도 같다. 알고 하는 표현이란, 자신의 감정을 상대에게 부합하도록 적절한 방법으로 전달한다. 그래서 진심이 닿고, 관계를 살린다. 자신에게도 상처가 적다. 반대로 모르고 하는 표현은, 자신의 감정을 자각하지 못한 채 무심히 내뱉거나, 오히려 숨기며 왜곡한다. 그래서 상대를 다치게 하고, 자신도 후회하며 더 큰 벽을 만든다. 예를 들어, 사랑을 알고 표현하는 사람은 '너 덕분에 행복하다.'라고 상대의 마음을 어루만진다. 하지만 사랑을 몰라서 표현하는 사람은 '왜 이렇게밖에 못 하느냐?'라며 불만을 쏟아낸다. 표현을 알고 하면, 자신과 상대를 이해하는 지혜와 배려의 언어를 배운다. 그것이 관계를 이어주고, 사람을 성장시킨다.

결국, 표현의 질은 자기를 이해하고 성찰하는 데서 비롯된다. 표현을 잘하는 것은, 곧 자신을 알고 상대를 이해하는 태도다. 표현을 알고 하는 사람은 말에 책임이 따르는 것을 알고 있기에, 상황에 맞는 어휘와 태도를 갖춘다. 감정을 다스리며 전달의 목적을 분명히 한다. 반면, 모르고 하는 표현은 감정의 분출에 그치고, 상처를 남기거나 오해를 불러일으킨다. 알고 하는 표현은 관계를 살리고, 모르고 하는 표현은 관계를 망친다. 그래서 말은 뱉는 것이 아니라, 깎고 다듬어 전하는 예술이다.

표현을 잘하기 위한 당신만의 방법은 무엇인가요?

03

행동 · 실천 · 전환 편

이 워크북은 말 대신 행동을 점검하고 하나를 전환하는 연습장입니다. 불편했던 장면 하나를 떠올려 체크하고, 제시된 행동 중 하나만 선택해 다음에 적용해 보세요. 작은 행동의 변화가 관계의 흐름을 바꿉니다.

[1단계] 상황 제시

말하지 않았지만, 이렇게 행동한 적은 없나요? (✔ 체크)

불편한 상황에서 그냥 자리를 떠났다. ☐

설명이 필요할 때 침묵으로 넘겼다. ☐

갈등이 생길까 봐 일정이나 약속을 미뤘다. ☐

감정이 올라왔는데 아무 일 없는 척했다. ☐

[2단계] 상대방의 반응

이 행동은 상대에게 이렇게 전달될 수 있습니다. (✔ 체크)

회피하거나 무시당했다고 느꼈다. ☐

이유를 알 수 없어 더 불안해졌다. ☐

관계에서 거리감이 생겼다. ☐

진짜 속마음을 알 수 없다고 느꼈다. ☐

말을 늘리지 않고, 상황에 작은 변화를 주는 선택을 해보세요. (✔ 실천)

불편한 상황에서 그냥 자리를 떠났다.

→ 자리를 피했다면, 다음 만남의 시간을 먼저 제안한다.

설명이 필요할 때 침묵으로 넘겼다.

→ 침묵했다면, 짧은 메시지로 맥락만 남긴다.

갈등이 생길까 봐 일정이나 약속을 미뤘다.

→ 미뤘다면, 구체적인 시점을 정해 공유한다.

감정이 올라왔는데 아무 일 없는 척했다.

→ 감췄다면, 표정 · 태도 · 거리 중 하나를 조정한다.

기억할 문장

**관계는 말로만 움직이지 않습니다.
선택한 행동 하나가 상황의 방향을 바꿉니다.**

PART 4

대화, 관계를 넘어 삶의 도구가 되다

01

말이
직업이 되기까지

나는 말로 설득하는 사람이 아니라, 말로 위로하는 사람이다.

– 최호용

나는 말로 밥 먹고 산다. 농담이 아니다. 강단에 서서 말하고, 메시지를 전하고, 눈빛을 마주하고, 웃음을 나누고, 고개를 끄덕이게 만드는 그 일이 어느새 내 직업이 되었다. 2011년, 그때부터 내 인생에 새로운 전환점이 생겼다. 본격적으로 강사라는 이름표가 붙었다. 강사라고 했지만 정확하게 말하면 강연가가 맞다. 물론 강사로서의 강의도 하지만, 본업은 강연이다. 처음에는 초, 중, 고등학교 진로 수업에 다른 강사들과 함께했다. 아이들의 꿈과 방향을 이야기해 주는 진로 캠프 수업이다. 아이들에게 꿈이 뭐냐고 물으면, 선뜻 말하지 못하는 아이들도 많았다. 나도 그럴 때가 있었다. 늦깎이 공부를 하면서 꿈을 찾는 것이 얼마나 중요한지를 깨닫고, 이런 수업은 의미가 있다고 여겨 함께했다. 그렇게 시작했던 나의 강의 영역이 점점 확장되었다.

내가 진행했던 강의는 대구교육청의 인문학 강의, 학부모 역량 강화 교육, 대학교 평생교육원의 스피치 강좌, 사설 스피치 학원, 그리고 취업 준비 면접 코치 등이다. 나는 인생의 거의 모든 순간을 말과 표현에 관한 일을 했다. 하루에 세 번 강의하는 날도 있었다. 아침에는 학교에서 수업, 오후에는 공공기관에서 특강, 저녁에는 대학교에서, 타고났는지 목소리는 쉬지도 않았다. 내가 하는 말에 누군가의 표정이 밝아지고, 질문에 눈빛이 살아나는 걸 보면서 이 길을 선택하길 잘했다고 생각했다. 그렇게 하면 지치지 않느냐고 묻는 사람도 있다. 그럴 때마다 "하면 할수록 힘이 납니다."라고 대답했다. 정말 그랬다. 심지어 감기가 올 것처럼 몸이 찌뿌둥한 날에도, 열정적으로 강의를 하고 나면 말짱해지곤 했다. 그때마다. 간판 일을 할 때와 같이 이것도 천직이구나! 싶었다.

살아온 만큼 말하다

나는 지금도 첫 강의를 잊지 못한다. 강연장에 섰던 날, 마이크를 잡은 내 손에는 땀이 배어 있었다. 나는 강사가 되기 전에도 사람들 앞에 서는 것을 두려워하지 않았다. 말을 잘한다는 소리도 들었다. 말을 잘하는 것과 강연을 잘하는 것은 다르다. 나에게 강연은 사명이고 소명이었다. 그때부터 나는 내 삶을 표현으로 먹고사는 사람으로 새롭게

정의했다.

강사는 자신의 말로 다른 사람의 삶을 변화시키는 사람이다. 흔히 강사는 지식과 정보를 전달하는 사람으로만 여긴다. 하지만 진짜 강사는 지식과 감정을 함께 전한다. 단순히 말하는 것이 아니라, 듣는 사람의 마음에 씨앗을 심고, 그 마음에 물을 주는 사람이다. 지식은 책에서도 얻을 수 있고, 인터넷으로 찾을 수 있다. 그러나 한 사람의 진심 어린 목소리와 표정, 온기로 전달되는 '말'은 다르다. 강사는 바로 그 다름을 만들어 내는 존재다.

나 역시 그 사실을 깨닫기까지 오래 걸렸다. 초기에 나는 준비한 원고와 프레젠테이션을 충실히 따라가며 강의했었다. 하지만 청중은 별다른 반응이 없었다. 이렇게 열심히 준비했는데도 사람들의 마음을 움직이지 못하는가 고민했다. 바로 그때 깨달았다. 나는 내 이야기를 하고 있지 않았다. 그들의 삶에 와닿는 말을 하고 있지 않았다. 강사는 말을 잘하는 것이 아니라, '체험을 바탕으로 한 진솔한 이야기'를 전해야 한다. 그때부터 나는 말하기보다, 질문과 소통을 더 많이 했다. 정답을 주지 않고, 함께 고민하고 의견을 주고받았다. 내 목소리에 내가 체험한 나만의 이야기를 담기 시작했다. 그러자 사람들의 표정이 달라졌다.

강사로 사는 것은 가볍지 않다. 특히, 표현으로 먹고산다는 것은 더욱 그렇다. 표현은 칼과 같다. 누군가를 살릴 수도, 다치게 할 수도 있다. 그래서 강의마다 나는 나 자신에게 묻는다. '지금 나는 사람들을 살리고 있는가?' 나는 강의를 업으로 삼기 전, 다양한 직업을 경험했고 사람들 속에서 부대끼며 살았다. 그 시절의 나는 표현은 고사하고, 말도 제대로 하지 못했다. 그러나 강단에 서면서 알게 된 사실은 나는 표현을 못 하는 게 아니라 방법을 몰랐다는 것을 알게 되었다.

말의 진동, 마음의 응답

표현을 강조하는 강사에게는 지식 이상의 것이 필요했다. 진정성, 공감, 그리고 책임감이다. 강사가 하는 말 한마디가 누군가에게는 평생의 기억에 남을 수 있다. 누군가는 나를 보고, 저렇게 늦게도 꿈을 이룰 수 있다는 희망을 얻는 사람이 있고, 이제라도 용기 내서 사랑한다고 말해야겠다는 사람도 있다. 강사는 이처럼 사람들의 삶에 흔적을 남긴다. 그 흔적이 상처가 되지 않도록, 늘 자신을 돌아보고 다듬어야한다.

강사는 소명 의식과 빛을 전하는 사람이라고 표현한다. 사람들에게 지식을 주는 데 그치지 않고, 마음에 불씨를 지펴 그들 스스로 빛나게 만드는 것이 나의 역할이다. 그래서 나는 강단에 설 때마다 내 안의 무거운 책임을 느낀다. 잘못된 정보나 무책임한 말, 준비되지 않은 이야기가 얼마나 쉽게 사람들의 마음을 다치게 할 수 있는지를 너무도 잘 알기 때문이다. **표현으로 먹고산다는 건 단순하게 말해서 돈을 번다는 뜻이 아니다.** 표현으로 사람의 마음에 흔적을 남기고, 그 대가로 삶을 이어가는 것이다. **강사라는 직업은 사람들 앞에 서는 만큼, 사람들**

의 마음속에 서야 하는 직업이다. 청중을 단순히 수강생으로 보는 것이 아니라 함께 성장해야 할 사람으로 바라볼 때, 비로소 소명의 역할을 한다고 할 수 있다.

강의장으로 갈 때마다 다짐한다. 내가 던진 한마디가 누군가에게 삶을 견디는 힘이 되기를 바란다고. 내 표정 하나가 누군가의 자신감을 찾는 데 도움이 되면 좋겠다고. 그리고 나 또한, 오늘의 내가, 내일의 나를 부끄럽지 않게 해야 한다고 다짐한다. 강사가 되는 건 쉽지 않지만, 그만큼 보람도 크다. 청중들로부터 끊임없이 배운다. 표현으로 사람의 마음을 얻는다는 것이 얼마나 어려운지를 알아가는 것도, 내가 얻는 보상이다. 나는 표현을 이야기하는 사람으로 다시 일어섰다. 내가 표현을 시작하지 않았다면 나는 강사가 될 수 없었다. 사람들 앞에서 나를 표현하며 사는 것. 그것이 곧 내가 사는 이유다. 그리고 표현으로 더 많은 사람에게 힘이 되길 소망한다.

표현을 가르치는 강사는 단순히 말 잘하는 기술을 전하는 사람이 아니다. 사람들에게 자신의 마음을 진심으로 꺼내는 용기, 타인의 말에 귀 기울이는 존중, 그리고 관계를 아름답게 가꾸는 소통의 태도를 전해야 한다. 침묵을 강요받던 시대에서 벗어나, 누구나 자신의 감정과 생각을 건강하게 표현할 수 있도록 돕는 것이 나의 사명이다. **표현은 배워야 할 기술이 아니다. 다듬어야 할 인격이며 살아가는 방식이다.**

나는 이 일을 통해 누군가의 삶이 바뀌고, 관계가 회복되며, 자신을 사랑하게 되길 소망한다.

내 강의는 단순한 정보 전달이 아니라, 마음과 마음을 잇는 다리가 될 것이다. 나는 표현의 힘을 믿는다. 말 한마디가 세상을 바꿀 수 있다는 것을 믿고, 그 믿음으로 사람들 앞에 선다.

당신은 직업인으로서 어떤 사명과 소명이 있으신가요?

02

공감이 사람의
마음을 건드릴 때

2015년 4월, 아침부터 이 도시, 저 도시로 숨 가쁘게 달렸다. 세 번째, 마지막 강연을 마치고 체력을 가늠해 보니 아직 두 번은 더 할 수 있을 것 같다. 어제는 초저녁부터 그 이튿날까지 12시간을 죽은 듯이 잤다. 유명세로 떼돈 버는 강사도 아닌데, 무리하지 말아야겠다 싶었다. 하루 두 번 정도의 강연은 얼마든지 해낼 수 있다. 무엇보다 건강을 챙기고, 일할 때는 즐겨야 한다. 아니, 즐긴다기보다 흥미롭게 해야 한다. 자신의 동력으로 얻어지는 신선한 에너지다. 흥미롭게 하는 일은 좋은 성과를 낸다. 좋은 성과를 낸다는 것은 성취감으로 연결된다. 그 성취감은 자신감으로 이어져 또 다른 흥미를 유발하는 기폭제다. 그렇게 되려면 체력을 길러야 한다. 육체적인 피로도 피로지만, 정신적인 노동도 한계가 있다. 이렇게 일하도록 주어진 하루에 감사한다. 나에게 허락된 역할에 충실하며, 서두르지 않고, 내가 갈 수 있는 걸음으로 가야겠다.

철저함이 신뢰가 되는 순간

TV 드라마나 영화가 단방향 전달 방식이라면, 연극은 관객과 배우가 감정을 교감하는 방식의 공연이다. 강연도 그렇다. 강사와 청중은 현장에서 함께 호흡하는 상호 소통 방식이다. 이때, 강사의 감정 상태나 기분은 그날의 현장 조건에 맞추어야 할 때가 많다. 강사가 아무리 강의 준비를 잘해도 현장의 상황과 조건에 부합하지 않으면, 준비한 내용을 전면 수정해야 할 때가 있다. 나 역시 그런 경험이 있다. 교육장의 시설과 장비 그리고 청중의 관리도 중요하다. 때로는 위기 대처 능력을 발휘해야 하는 초유의 사태가 발생하기도 한다. 그런 문제까지도 책임은 오로지 강사의 몫이다.

음향이나 조명 시설의 상태와 이 빠진 옥수수처럼 듬성듬성 채워지지 않은 좌석, 주최 측의 운영적인 문제는 강의에 치명적인 영향을 주기도 하고, 강의 실패에 직접적인 원인이 되기도 한다. 그러나 그에 못지않게 준비와 대책을 충분히 고려하지 못한 강사의 부주의함도 강의 실패의 원인이 될 수 있다.

강사는 강의 시작에 앞서 충분한 시간을 두고 현장에 도착해야 하고, 교육장의 분위기는 물론 심지어 본인의 노트북이나 장비가 현장의 시스템과 호환이 잘 되는지 점검해야 한다. 그리고 강사 자신도 강의 시스템의 일부란 것을 명심해야 한다.

기계와 다른 게 있다면 혼자서 움직인다는 것뿐이다. 목소리의 상태, 긴장감 해소, 신체적 조건들이 온전한지도 중요하다. 나의 모든 에너지를 동원하여 내 몸이 인식하는 강의. 청중의 마음을 움직이게 하는 강의. 현재를 즐기겠다는 마음으로 하나의 로켓이 발사되는 순간처럼, 갑옷과 투구와 창을 든 완벽한 무사처럼, 기개를 펴고 자신감 넘치는 미소를 머금고 청중을 향해 서야 한다. 나만의 색깔로! 나만의 느낌으로!

최호용 강사님. 저는 오늘 강의를 들은 사랑초등학교 학부모입니다. 오늘 강의를 통해 아이들에게 했던 말들을 돌아보게 되었습니다. 이제는 다르게 말해보려 합니다. 체벌 못지않게 폭언이 주는 상처에 대해 알게 되었습니다. 칭찬보다 꾸지람을 많이 했던 저의 부족함을 강의를 통해 알게 되었습니다. 오늘부터 변화되어 보겠습니다. 아이에게 솔직한 저의 마음을 표현하면서 좀 더 엄마다운 엄마가 되겠습니다. (생략)

한 학부모로부터 받은 메시지다. 강사라는 이름으로 사람들 앞에 서는 순간, 내 말에는 힘이 실리기 시작한다. 그래서 말을 쉽게 할 수 없다. '이 말이 누군가의 마음을 어루만질 수 있을까?' 곱씹어 본다. 강의는 강사의 삶을 통해 또는 누군가의 삶의 이야기를 통해 마음을 어루만질 수 있어야 한다. 그 파장이 얼마나 멀리, 얼마나 깊이, 혹은 누군가에게 닿을지는 오로지 강사에게 달려 있다. 나는 강단에서 마주한 수많은 청중의 표정을 기억한다. 그리고 가끔, 말없이 흐르는 그들의 눈물이 나를 깨운다. 내가 왜 이 길을 가야 하는지, 어떻게 가야 하는지 생각하게 한다. 그리고 나의 삶을 온전하게 잘 살아내야 한다고 다짐하게 한다.

마음을 건너온 말

강의 중에 나의 이야기를 전할 때가 있다. 강의의 주제와 그날의 분위기에 맞춰 꺼내는 내가 살아낸 경험담. 한때는 크게 실패했고, 한때는 사랑하는 사람과 멀어졌고, 나락으로 내동댕이쳐진 자리에서 다시 일어서는 이야기들. 그럴 때면 숨이 막히듯 떨리면서도 눈빛이 살아난다. 치열한 나의 삶을 이야기하는 과정을 통해 정화되고, 치유된다. 내가 살아온 삶을 여과 없이 드러낼 때 느끼는 것은, 삶은 그다지 다르지 않다. **내가 살아낸 삶이나, 내가 아파본 상처나, 나의 숨겨진 치부는 나의 강의를 듣고 있는 청중의 그것과 크게 다르지 않다.** 그 순간 청중은 나의 이야기를 통해서, 나는 청중의 눈물로 함께 치유된다.

강의를 마치고 돌아온 날, 블로그에 낯선 사람들이 찾아와 글을 남겨 놓을 때도 있다. '강사님 강의를 듣고 용기를 냈습니다. 그동안 왜 내 마음을 숨기고만 살았나 싶네요.' 혹은 문자로 짤막한 한 줄이 도착

한다. '강사님, 오늘 제게 정말 큰 선물 주셨어요. 감사합니다.' 그 짧고 담백한 문자를 받는 것이 내게는 무엇보다 큰 보상이다. 강사라는 이름으로 받는 박수 못지않게, 진심 어린 글과 눈물이 값지다. 청중의 눈물은 나에게 거울이다. 그들의 눈물이 없었다면, 나는 어쩌면 이 일을 직업으로만 여겼을지도 모른다. 하지만 그 눈물을 본 순간, 강사의 삶은 소명이 되었고, 나는 강의라는 삶을, 뜨겁게 살아내야 할 이유를 얻게 되었다.

강의가 끝나고 혼자 남아 텅 빈 강연장을 바라볼 때가 있다. 수많은 의자, 아직 식지 않은 마이크, 그리고 무대 위에 남아 있는 내 흔적들을 보며 생각한다. 오늘 나는 누군가에게 어떤 흔적을 남겼을까? 강의는 기술이 아니다. 강의는 사명이고, 사람과 사람을 잇는 다리다. 그 다리 위에 서서 흔들리는 사람들에게 손을 내밀어 주는 것. 그게 바로 강사다. 때로는 부담스럽다. 내 삶이 온전히 드러나는 것이 두렵고, 내 진심이 부족할까 두려울 때도 있다. 하지만 청중이 눈물을 보일 때마다 굳은 결심을 한다. 이 길을 포기하지 않고 가야겠다. 청중의 눈물이 나를 성장하게 만든다. 나를 겸손하게 한다.

누군가로부터 다시 일어나게 하는 힘을 얻은 적이 있으셨나요?

03

청중이 등을 돌렸을 때
비로소 소통이 보였다

2011년 5월, 강사가 되겠다고 준비하던 무렵이다. 어중간하게 망하면 안 된다. 완벽하게 깨져봐야 정신 차린다. 바닥에 바닥을 치면, 다시 일어난다는 것을, 철저하게 깨달은 날이다. 그때는 강의가 무엇인지 제대로 몰랐다. 실력보다 열정이 앞섰다. 준비보다는 설렘이 먼저였다. 멘토 역할을 하던 강사가 이렇게 말했다.

"나한테 들어온 공무원 대상 특강인데, 한번 해보지 않을래?"
"초보인 제가 할 수 있을까요?"
"체험이라 생각하고 해봐. 기회를 잡아."

말은 멋졌다. 하지만 제대로 준비도 안 된 나를 그 자리에 왜 밀어 넣었는지 지금도 선명하게 이해되지 않는다.

대구에서 비행기를 타고 제주도로 날아갔다. 현장에 도착하니 5급 공무원 관계자들이 반갑게 맞았다. "최호용 강사님, 멋진 강의 부탁드립니다. 김상규 강사님이 추천하셨으니 기대가 큽니다." 순간 어깨가 으쓱했다. 하지만 그것도 잠시였다. 강연장 문을 열고 들어서는 순간, 왠지 모를 싸한 분위기에 숨이 멎을 것 같았다. '얼마나 잘하나 두고 보자.'라고 하는 것 같은 냉랭한 청중의 태도, 미소가 가신 입술, 팔짱을 끼고 앉아 의자에 기댄 체, 미동도 하지 않는 눈빛들이 처음부터 기를 죽였다. 기운이 어깨를 타고 팔다리로 빠져나가는 것 같았다.

강의장에서 실패하는 법을 배우다

강의를 시작했다. 태연한 척하면 할수록 얼굴이 달아올랐다. 준비한 슬라이드는 제대로 활용도 못 했다. 두 시간 강의는 산산조각이 났다. 아니, 박살이 났다는 표현이 맞겠다. 강의가 끝난 후, 임원진의 반응은 싸늘했다. 나를 보던 눈빛도 강의 전과 달랐다. 처음의 환대는 사라지고, 무표정한 얼굴로 나를 외면하는 것 같았다. 나는 내가 부끄러웠다. 그리고 나를 그 자리에 밀어 넣은 사람을 원망했다. 실패를 노렸을까? 하는 비굴한 생각까지 들었다. 다시는 강의하지 않겠다며 마이크를 던져도, 하나도 이상하지 않을 만큼 철저하게 망가진 날이었다.

순간, 가슴 밑바닥에서 오기가 치솟았다. 나는 그날의 실패를 뼛속까지 겪으며 배웠다. 웃음도, 울림도, 메시지도 없었다. 오직, 준비되지 않은 자의 최후를 맛보았다. 허공에 공허만 있을 뿐이다. 불현듯 그런 생각이 들었다. 누가 나를 어떤 상황으로 밀어 넣어도 결코, 포기하지 않겠다. 대한민국 강사 세계에서 반드시 끝까지 살아남겠다고 다짐했다.

표현과 소통의 강의를 하려면 먼저 내가 진심으로 소통할 줄 알아야 한다. 그것이 준비다. 철저히 준비해야 한다는 걸 알게 되었다. 말이란 준비 없는 사람에게는 칼이다. 그렇지 않으면 그야말로 말만 많아지고, 내 말에 내가 다친다. 그 깨짐은 아팠지만, 다시 해보겠다는 다짐을 만들었다. 나는 다시 공부했다. 무대 위에 올라가는 순간의 숨소리까지 연습했다. 청중 한 사람, 한 사람의 눈빛을 상상하며 연습했다. 진정한 시작은 그날이었다. 내가 강사로서 자격이 없다는 사실을 인정한 날, 소통과 관계에 관한 책을 닥치는 대로 읽었다. 그날, 무너진 자리에서 나는 진짜로 다시 일어나겠다고 다짐했다. 그리고 지금의 내가 있다.

제주에서 강의에 실패하던 날, 딱 한 사람의 청중이 잊히지 않는다. 모두가 얼음 조각 같은 표정으로 앉아 있을 때, 그는 내 말에 반응해 주고 있었다. '아, 그렇구나.', '와, 그렇구나.', 머리를 앞뒤로 크게 끄덕여 주기도 하고, 가끔 소리 내 웃어주기도 했다. 마치 김이 서린 거울을 닦아낸 것처럼 선명하게 그 사람의 얼굴만 보였을 정도다. 마치 내가 응원할 테니 끝날 때까지 힘내라고 말해주는 것 같았다. 할 수만 있다면 지금이라도 만나서 은혜를 갚고 싶은 심정이다.

강사 초년기, 대구에 있는 S 기업체에서 3개월 후에 있을 강의가 예약되었다. 강의료는 1회, 100만 원, 이틀에 걸쳐 2회를 하기로 했다. 상상도 못 했던 강의료였다. 내가 100만 원짜리 강의를 하다니, 사뭇 설레고 긴장됐다. 3개월이란 여유가 있으니, 열심히 준비하면 잘할 수 있겠다 싶었다.

"내가 벌써, 시간당 100만 원짜리 강사가 되는 거야!" 속으로 쾌재를 불렀다. 그런데, 시간이 갈수록 은근히 걱정되었다. 강의 준비가 뜻대로 되지 않았다. 지금에야 '표현'이라는 주제가 있지만, 그때는 강의 주제가 '표현 리더십'이었다. 처음에 '잘할 수 있다'라는 자신감은 '과연, 잘할 수 있을까?'라는 걱정으로 바뀌었다. 아침에 잘할 것 같다가 저녁에는 도저히 못 할 것 같았다. 생각이 많아지니 마음이 무겁고, 밥을 먹어도 모래알 씹는 것 같았다. 그러더니 잠도 제대로 잘 수 없었다. 스트레스가 심해지니 결국은 설사를 시작했다. 그러면서도 강의를 취소할 생각은 없었다. 끝까지 해보겠다고 버티며 강의 준비에 집중했다. 지금 생각하면, 강의에 대해 제대로 형식을 갖추지 못했고, 나름대로 전달할 메시지도 없는 상태였다. 지금 생각해도 무모한 결정이었다. 강의를 취소하고 실력을 쌓은 다음에 기회를 잡아도 충분했을 텐데, 그만큼 앞뒤를 견줄 생각도 부족했던 때였다. 그런데도 그렇게 큰 기업체의 강의가 어떤 경로로 나에게 연결되었는지 지금도 나는 모른다.

두 달이 됐지만, 강의 준비는 여전히 안 된 상태다. 설사는 3개월째 하고 있다. 소화도 안 되고, 약을 먹어도 소용이 없었다. 드디어 그날이 왔다. 강의하러 갔다. 리조트에서 회사의 창립 기념 행사가 열리는 자리였다. 강사 대기실에 직원들이 찾아와 인사를 했다. "최 강사님, 우리 회사에 와 주셔서 감사합니다. 유명한 김상오 강사님 아시죠? 그분도 우리 회사에 강의하시고 떴다니까요. 유명한 강사들은 모두 우리 회사를 거쳤습니다. 우리 회사에서 강의하면 명강사가 됩니다." 내가 긴장한 티가 났는지 한 직원의 너스레에 모두 웃었다.

강단은 자만을 용서하지 않는다

강사 대기실로 찾아온 직원들은 나를 가족처럼 대했다. 마음이 따뜻한 사람들이구나 싶었다. 보답하는 마음으로 진짜 잘해야지 싶었다. 드디어 첫날 강의를 마쳤다. 염려했던 대로였다. 청중의 반응은 심드렁했다. 가슴이 답답했다. 자존심은 바닥까지 무너졌다. "아, 미치겠다."를 수십 번 뇌까렸다. 나라는 존재 자체가 부정당한 기분이었다. "괜찮아, 강사가 되는 과정이야."라며 스스로 위로했다.

이튿날, 한 차례 강의가 더 남았다. 어제 못했던 강의를 만회하고 싶었다. 하지만 오늘 못한 강의를 내일은 잘할 리가 만무했다. 두 번째 강의를 마쳤다. 준비가 안 된 강사의 결과는 더 말할 것도 없다. 강의료를 받는 손이 오그라들었다. 원천징수 영수증을 끊고, 그 자리에서 수표가 든 봉투를 받았다. 돌려주고 싶었다. 실패한 강사에게 변함없이 친절한 직원들이 나를 더 비참하게 했다. 꼬리를 말아쥐고 구멍에 기어들고 싶었다. 김영호 상무님은 행사가 있을 때마다 강사로 초대하겠다고 했지만, 그 뒤로 한 번도 불러주지 않았다. **준비되지 않은 사람에게는 기회란 없다. 소통에 실패한 사람에게는 기회도 없다.** 실패한 나의 강의를 통해서 진정한 소통의 교훈을 얻었다. 3개월 동안의 설사도 강의를 마친 후 그쳤다.

실패를 통해 자신감이 바닥을 쳐 본 경험이 있나요?

04

말이 다리가
되어 준 인연들

사람은 서로의 삶에 흔적을 남기기 위해 만난다.

– 헤르만 헤세 (Hermann Hesse)

사람의 마음은 본디 투명한 샘물과 같다. 깊고 맑지만, 그저 땅속에 고여 있기만 하다면 누구도 그 아름다움을 알 수 없다. 샘물이 흘러내려 시냇물이 되고, 강물이 되어 누군가의 목을 축여 줄 때 비로소 의미가 생긴다. 그와 같이 마음도 표현될 때 진짜 생명을 얻는다. 표현되지 않은 마음은 바람 없는 호수처럼 고요할지라도, 시간이 지나면 탁해져 버린다. 그러나 흘러나와 다다르는 마음은 꽃을 피우고, 사람을 살리며, 인연을 맺는다. 인연은 결코 우연만으로 이루어지지 않는다. 바람처럼 스쳐 간 사람은 많았다. 지하철에서, 길 위에서, 강연장에서 수많은 얼굴을 보았다. 그러나 그 모든 만남이 인연으로 이어지지는 않는다. 스치는 바람이다. 표현이라는 다리를 놓을 때 비로소 인연이 된다.

고개를 끄덕이는 순간

버스회사의 기사님을 대상으로 한 강연을 마치고 강단을 내려오는데, 기사님 한 분이 혼잣말하는 것을 얼핏 듣게 되었다. "야! 오늘 강의는 진짜 보통 강의가 아니다. 와, 진짜 잘한다." 그 말을 우연히 들었다. 내 얼굴에 저절로 미소가 번졌다. '오늘 저 기사님에게 내 강의가 인연이 닿았구나!' 내 짐작으로 무척 만족한 강의였다는 느낌으로 들렸다. 그런 느낌이 드는 순간은 강사에게 최고의 기쁨이다.

한 번은 교도소에서 강의를 마치고 강단을 내려오는데 누군가가 나에게 말을 걸었다.

"선생님, 오늘 강의 정말 정말 고맙습니다."

"아, 그랬습니까? 저도 고맙습니다. 그런데, 무엇이 좋았을까요?"

"너의 잘못이 아니다, 자책하지 말라는 말이 좋았습니다. 저는 늘 그 말이 듣고 싶었습니다."

그가 나에게 했던 짧은 표현이 내 마음에 와닿았다. 그 청년은 내 말을 통해 위로받았다고 했지만, 사실은 내가 더 큰 선물을 받은 느낌이었다. 그날 이후, 강연을 준비할 때마다 그 기사님과 청년을 생각한다. 내가 준비하는 강연이 누군가의 마음을 어루만질 수 있기를 바라는 마음이 간절하다. 청중의 마음에 닿아 기쁨이 살아나는 강연이 될 수 있기를 바라는 사명감을 품게 되었다. 그 청년과는 잠깐의 시간이었지만 분명한 인연이었다. 만약 그가 나에게 표현을 하지 않았다면, 그날은 내가 또 하나의 강연을 끝낸 평범한 하루였을 것이다.

표현은 인연의 씨앗이다. 씨앗은 땅에 심어져야 꽃이 핀다. 마음도 표현되어야 관계가 싹튼다. 고마움을 가슴에만 묻어두면 감사는 메아리가 되지 못한다. 사랑을 눈빛으로만 감추면 결국 오해와 거리감만 자란다. 미안함을 말하지 않으면 상처는 곪아버린다. 반대로, 서툴더라도 표현하는 한마디가 거대한 나무로 자라나 평생의 그늘이 되기도 한다. 나는 인생에서 무수히 많은 사람을 만났지만, 지금도 기억에 남는 인연들은 대부분 표현으로 이어진 사람들이다. 글 한 줄에 마음을 실어 보내준 독자, 짧은 인사 속에 깊은 애정을 담아 건네준 친구, 그리고 무대에서 함께 눈빛을 주고받으며 호흡을 맞춘 동료들. 그들은 모두 나의 표현을 받아주었거나, 자기 마음을 표현해 준 사람들이다. 결국, 표현이 있었기에 우리는 서로의 삶에 흔적을 남길 수 있었다.

표현은 말로만 이루어지는 것이 아니다. 때로는 눈빛 하나가 말보다 더 많은 것을 전한다. 멀리 있는 길을 마다하지 않고 찾아온 발걸음, 낡은 손수건 하나에 담긴 따뜻한 마음, 손끝에 스며든 온기. 이 모든 것도 표현이다. 중요한 것은 얼마나 화려하냐가 아니라, 얼마나 진실한가이다. 진심이 담긴 표현은 언어를 넘어선다. 그것은 상대의 마음에 씨앗처럼 스며들어 언젠가 꽃으로 핀다.

마음을 드러내면 관계의 꽃이 핀다

나는 때때로 이런 상상을 한다. 만약 인연이 강물이라면, 표현은 그 물결 위를 건너는 다리와 같다. 다리가 없으면 강 건너 사람과 눈을 마주칠 수 있을지라도 결코 만날 수는 없다. 그러나 다리가 놓이는 순간, 두 사람은 서로를 향해 걸어갈 수 있다. 우리의 말과 행동, 글과 노래, 표정과 손길은 모두 그 다리의 재료들이다. 그렇기에 표현을 두려워하거나, 망설이지 말아야 한다. 사람들은 표현하기를 망설인다. 혹시 내 진심이 가볍게 여겨지지는 않을까, 상대가 오해하지는 않을까, 혹은 거절당하지는 않을까 하는 두려움 때문이다. 그러나 표현하지 않음으로써 잃는 것이 훨씬 더 크다. 전하지 못한 감사는 감사가 아니고, 고백하지 못한 사랑은 사랑이 아니다. 표현하지 않는 마음은 존재하지 않는다.

우리가 인연이라 부르는 것의 본질은 표현이다. 그저 스쳐 지나가는 삶 속에서 표현을 통해 서로의 마음을 확인했을 때, 비로소 우리는 인연이 된다. 표현은 단순한 기술이 아니라, 사람을 살리고 관계를 이어 준다는 사실을 나는 뒤늦게 알았다.

앞으로도 나는 표현하는 삶을 살기를 원한다. 글로, 말로, 눈빛으로, 행동으로, 그것이 서툴고 부족해도 멈추지 않는다. 내 마음에서부터 계속 흘려보내고 싶다. 그렇게 되면 표현하는 순간마다 또 다른 인연이 찾아올 것이고, 이미 맺어진 인연은 더욱 깊어질 것이다. 언젠가 내 삶의 마지막 순간을 맞이할 때, 표현으로 만난 인연들, 그 인연들이 나를 인간답게 살게 해주었다고 말할 수 있다.

표현으로 인연이 시작되기 위해서는 내가 먼저 표현해야 한다. 내가 하는 표현 행위가 모두 성공적일 수는 없다. 농구 선수가 골대를 향해 던진 공이 모두 골대로 빨려 들어가지 않는다. 그렇다고, 선수는 실망하거나 좌절하지 않는다. 오히려 더 적극적으로 공을 넣기 위해 분발한다. 표현도 이와 같다. 두려워하거나 걱정할 필요 없다. 어떤 표현이든, 어떤 인연이든, 나의 적극적이고 자신감 있는 표현의 시작에서 비롯된다. 인연은 기다린다고 오는 것이 아니다. **내가 먼저 다가가고, 먼저 말을 걸고, 먼저 마음을 건넬 때 비로소 싹튼다.** 누군가에게 미소를 건네는 일, 안부를 전하는 일, 고맙다고 표현하는 것은 작아 보이지만 그 안에는 커다란 온기가 있다. 관계는 표현을 통해 맺어진다. 말하지 않으면 마음은 닫히고, 닫힌 마음은 멀어진다. 내가 먼저 표현하는 순간, 상대의 마음에도 불빛이 켜진다. 그 불빛들이 모여 인연이 시작된다. 그래서 나는 먼저 인사하고, 먼저 웃는다. 표현은 용기이며, 인연을 만드는 시작이다. 기다리지 말고 내가 먼저 표현하자. 그 한마디가 하루를 바꾸고, 내 인생을 아름답게 한다.

표현하는 것으로 맺어진 인연은 결국, 나의 삶을 풍요롭게 한다. 세상을 따뜻하게 물들이는 빛이 된다. 그 빛을 꺼뜨리지 않기 위해 나는 조심스레, 그러나 용기 내어 마음을 전한다. 그것이 내가 만나는 모든 인연을 진짜 인연으로 바꾸는 유일한 길이기 때문이다.

당신에게는 표현으로 연결된 어떤 인연이 있으신가요?

05

내 이야기가
누군가의 힘이 되다

내 이야기가 누군가에게 힘이 될 수 있다는 사실이 큰 위로가 된다. 처음에는 그저 내 삶을 기록하는 글이었다. 나의 상처를 달래는 말들이었다. 내 목소리를 찾기 위한 몸부림이었다. 그러나 어느 날 누군가가 나의 글을 읽고 이렇게 말했다. '선생님, 오늘은 제가 찾고 있는 답을 주셨어요.' 그 한마디는 나에게 힘을 실어 주기에 충분했다. 내 삶의 고통과 흔들림이, 그저 나만의 짐인 줄 알았던 이야기가 누군가에게는 길잡이가 될 수 있다는 사실을 알고, 내 이야기는 단지 나만의 것이 아니라는 것과 나의 이야기를 통해 다른 사람도 다시 일어설 힘을 줄 수 있다는 걸 알게 되었다.

누구나 인생의 어느 지점에서는 무너지고, 흔들리고, 포기하고 싶을 때가 있다. 그 순간 필요한 것은 화려한 성공담이 아니다. 오히려 서툴 렀지만 끝내 포기하지 않았던 누군가의 고백이다. 나도 넘어져 봤고, 울기도 했고, 방황도 했지만, 결국, 다시 일어서 걸어왔다는 이야기가 절망에 빠진 사람에게 가장 큰 위로가 된다. 내 이야기가 누군가에게 힘이 된다는 것은, 내 삶이 나만의 것이 아님을 의미한다. 내가 견뎌낸 시간과 아픔은 나를 단련하는 과정이었지만, 동시에 다른 사람을 일으 켜 세우기 위한 준비였던 셈이다. 그렇기에 나는 이제 나의 상처를 숨 기지 않는다. 아픔조차도 나눌 때 의미가 있다. 상처를 드러낼 때 그것 이 누군가의 약이 될 수 있다고 믿기 때문이다.

희로애락을 건너는 공감

강연장에서 청중과 눈빛을 주고받는다. 내 입을 통해 흘러나온 말이 누군가의 마음에 꽂히는 순간, 눈빛도 흔들린다. 때로는 눈물이 맺히 고, 때로는 굳었던 표정이 풀어진다. 그때 나는 느낄 수 있다. 지금 내 이야기가 누군가의 삶에 전달되었다는 사실을, 그리고 그 작은 울림이 새로운 희망으로 자라날 수 있다는 것을 믿는다. 사람들은 이렇게 묻 기도 한다. "어떻게 그렇게 힘든 일을 겪고도 웃을 수 있습니까?", "내 이야기가 누군가에게 힘이 된다는 사실을 알았기 때문입니다."라고 말 한다.

고통은 그저 고통으로 남으면 삶의 상처로 남지만, 그것을 이야기로 바꾸면 빛이 된다. 나를 살리고, 또 다른 사람을 살리는 힘이 된다. 생각해 보면, 우리는 누군가의 이야기를 먹고 자라왔다. 어린 시절 들었던 부모님의 삶의 이야기, 선배의 실패담, 책 속의 이야기들. 그 모든 이야기가 내 안에 스며들어 오늘의 나를 만들었다. 그렇다면 이제는 내 차례다. **나의 이야기가 누군가의 내일을 밝히는 데 힘을 보태는 것. 이것이야말로 가장 보람 있는 일이다.**

내 이야기가 힘이 된다는 것은 곧 책임이기도 하다. 내가 전하는 말 하나가 누군가의 삶을 꺾을 수도, 일으켜 세울 수도 있다. 그렇기에 나는 더 신중하게, 그러나 더 용기 있게 이야기하려고 한다.

내 삶을 포장하지 않고, 있는 그대로 전하되, 그 속에서 건져 올린 희망을 함께 나누고 싶다.

삶이란 결국 누군가에게 건네는 이야기의 연속이기 때문이다. 대단한 경험이나 사건이 아니어도 된다. 그저 진솔한 체험이면 된다. 내 이야기를 들은 사람이 힘을 얻고, 그 사람이 또 다른 사람에게 희망을 전하고, 그렇게 이어져 결국, 세상이 조금 더 따뜻해진다. 내 이야기가 파문되어 끝내 누군가의 삶을 지켜내는 힘이 된다면, 그것만으로도 나는 충분히 값진 인생을 산 것이다.

그래서 나는 실패의 이야기를 한다, 다시 일어선 이야기, 흔들렸으나 끝내 버티어낸 이야기. 그런 내 이야기가 특별해서가 아니다. 오히려 평범하기에, 그 평범함 속에서 누구나 공감할 수 있기에 힘이 된다.

역으로 생각해 보자. 타인의 실패에서 배우지 못한다면, 우리는 결국 같은 돌부리에 넘어지며 같은 고통을 반복하게 된다. 인생은 절대 길지 않다. 그러나 배움이 느린 사람은 짧은 인생 속에서도 끝없는 시행착오를 겪는다. 실패는 누구에게나 찾아오지만, 현명한 사람은 자신의 실패뿐 아니라 타인의 실패에서도 길을 찾는다. 남의 실수를 눈여겨보는 사람은 경험을 두 배로 쌓고, 남의 실패를 흉보는 사람은 경험을 절반으로 줄인다. 생각해 보면, 왜 어떤 사람은 실패를 밟고 일어서는데, 어떤 사람은 그 자리에 주저앉을까? 그 차이는 성찰에 있다. 실패를 단순한 불운으로 치부하면 아무런 변화도 일어나지 않는다. 그러나 그 안에 담긴 이유를 찾고, 원인을 분석하고 교훈을 얻는다면 그 실패는 더 이상 넘어짐이 아니라 성장의 발판이 된다. 타인의 실패도 마찬가지다. 누군가의 실수와 좌절 속에는, 내가 미처 보지 못한 인생의 함정이 숨어 있다. 그것을 보지 못하면 결국, 나 역시 같은 함정에 빠지게 된다.

배울 수 없는 인생은 없다

성공담은 귀를 즐겁게 한다. 실패담은 마음을 단련시킨다. 남의 성공은 부러움으로 그치지만, 남의 실패는 나를 성찰하게 만든다. 타인의 실패를 통해 배우는 일은 단순히 정보를 얻는 것이 아니라, 마음의 깊이를 더하는 일이다. 실패의 과정을 이해할 때 우리는 인간의 연약함과 한계를 알게 되고, 동시에 그것을 극복하려는 의지를 배운다. 내가 겪지 않아도 되는 고통을 미리 알고 피할 수 있다면, 그것만큼 지혜로운 일도 없다. 그러나 많은 사람은 타인의 실패를 가볍게 넘긴다. "나는 다를 거야"라는 자만이 결국 같은 실수를 반복하게 만든다. 세상에는 무수한 실패의 이야기들이 있다. 그 속에는 피와 눈물, 그리고 깨달음이 있다. 그 이야기에 귀 기울이면 내 인생의 속도가 달라진다.

타인의 실패는 경고등이다. 그것을 보고 속도를 늦추는 사람은 안전하게 목적지에 도달하지만, 그렇지 않은 사람은 결국 사고를 당한다. 배움은 겸손에서 시작된다. 타인의 실패 앞에서 멈춰 서서 생각할 줄 아는 사람만이 진짜로 성장한다. **실패는 나쁜 것이 아니다. 다만, 그 실패에서 아무것도 배우지 못하는 것이 진짜 실패다.** 나는 이제 실패를 두려워하지 않는다. 나의 실패든, 남의 실패든, 그 속엔 반드시 배움이 있기 때문이다. 남의 실패를 통해 배우는 사람은 절대 맨발로 험한 길을 걷지 않는다. 그들은 이미 앞서간 사람들의 상처 위에 단단한 길을 놓고 걸어간다. 인생은 그렇게 조금씩, 실패 위에 세워진다.

그러니, 내 이야기가 누군가에게 힘이 된다는 것. 그것은 내가 살아야 할 이유이자, 내가 앞으로도 쓰고 말해야 할 이유다. 삶의 무게에 짓눌린 누군가가 내 이야기를 통해 한 번 더 걸어갈 용기를 얻는다면, 그것만으로도 내 존재는 충분히 빛난다. 나는 혼자가 아니다. 내 이야기를 듣는 누군가와 연결되어, 함께 살아간다. 그리고 내 이야기를 듣고 자신의 이야기를 누군가에게 해줄 사람들과 더불어 살아가고 있다.

세상에 쓸모없는 이야기는 없다. 누군가의 실패담이 또 다른 이의 길잡이가 되고, 누군가의 눈물이 타인의 용기를 깨운다. 나의 이야기가 그렇게 누군가에게 힘이 된다면, 나는 오늘도 기꺼이 나의 삶을 드러낼 수 있다. 그 이야기들이 모여 결국 더 큰 희망의 노래가 될 것이기 때문이다.

오늘의 표현 점검

당신의 이야기가 누군가에게는 치료하는 약이 된다는 사실을 아시나요?

06

화자는 방향을
만드는 사람이다

표현하는 사람은 방향을 만들고, 침묵하는 사람은 그 길을 따라간다.

– 작자 미상

대전에서 두 아들을 키우며 사는 친구의 아들 이야기다. 친구는 젊은 시절에 식당도 운영하고 직장 생활도 했지만, 예순둘의 나이인 지금은 일용직에 종사하고 있다. 조용하고 차분한 성격이라 사람들에게 신임을 얻는 성실한 친구다. 아들이 둘인데, 작은아들은 앞가림을 잘하지만, 37살의 큰아들은 결혼하지 않은 건 물론이고, 7년째 집에서만 지낸다. 흔히 말하는 은둔형 외톨이다. 친구라고는 스마트폰에 저장된 고향 친구 한 명이 유일하다. 아버지는 매일 출근하기 전에 식탁에 상을 차려놓는다. 삼시 세끼 국이 빠지지 않는 밥상이다. 아들은 냉장고를 뒤져 간식을 해결하거나, 게임이나 인터넷에 빠져 사는 게 일상이다. 자기 방 청소도 하지 않는다. 그의 아버지는 어떻게든 아들을 사람

구실 하게 해보려고 달래도 보고 윽박질러도 봤지만, 머리가 굵은 아들은 귓등으로만 들었다. 말만 그렇게 하지, 자식인지라 등에 혹 하나 달고 산다고 입버릇처럼 말했다.

은둔의 문을 두드리다

그 집 아들은 사람 만나기를 싫어했지만, 나에게는 예외였다. 무뚝뚝한 자신의 아버지와 달리 칭찬을 잘하는 나를 견제하지 않았다. 그집은 입식 구조의 연립주택이다. 두 평 남짓한 아들 방에는 썰렁한 창문 옆에 컴퓨터가 있는 책상이 있다. 바로 밑에 바닥에는 혼자 누워도 작을듯한 크기의 얇은 매트리스와 베개가 놓여있다. 방만 봐도 아들의 동선이 한눈에 그려진다. 아버지와 아들은 대화가 거의 없다. 가족이라기보다 함께 동거하는 동포 수준이다. 첫 아이가 다섯 살 때 이혼했고, 홀로 두 아들을 키웠다고 했다.

내가 '상담 공부' 할 때, 배운 스트레스 진단과 심리 검사를 이들 부자에게 해보았다. 스트레스 지수는 상중하가 있는데, 아들은 상에서도 상 수준이었다. 두 사람 모두 치료가 시급한 상태로 진단되었다. 아들은 정신과 치료를 극도로 싫어했다. 나는 그 집에 자주 들렀다. 그리고 아들과 자주 대화했다. 빠르게 아들과 친해졌다. 아들은 외출을 싫어했지만, 나와 함께 다니며 외식도 하고, 쇼핑도 했다. 둘째 아들은 형이 독립을 못 하는 이유는 아빠가 매일 밥까지 챙겨주니까, 부족함을 몰라서 저 지경이 되었다며 아버지를 원망했다. 아버지는 그 말을 이해하면서도 쉽게 끊지 못했다. 아들이 일자리를 구하려면, 휴대폰이 있어야 한다고 하자, 아버지는 펄쩍 뛰었다. 그동안 얼마나 약속을 안 지켰으면, 아버지는 신용 불량자가 된 아들의 말이라면 '콩으로 메주를 쑨다'해도 안 믿을 정도다.

이번에는 자신의 아버지가 아닌, 나와 약속하는 거로 하고 아들에게 기회를 줘 보자고 내가 제의했다. 자식 이기는 부모 없다더니, 나를 통해 다시 한번 아들을 믿어보기로 했다. 나는 아들의 말을 들어주며 칭찬을 많이 했다. 그렇게 소통을 지속하면서 시간이 흘렀다.

6개월이 지난 어느 날, "아저씨, 저, 병원에 가보고 싶은데 괜찮을까요?"라고 했다. "괜찮고 말고, 용기를 내줘서 정말 다행이다. 쉽지 않았을 텐데, 잘 생각했다." 병원에도 자신의 아버지가 아닌 나와 함께 갔다. 나는 의사에게 아들의 상태와 최종 목표가 '취업과 독립'이라고 설명했다. 아들은 상담과 치료를 병행했다. 그렇게 변하지 않을 것 같은 아들이 조금씩 바뀌기 시작했다. 그의 아버지와 둘째 아들은 '병원에 가는 것만으로도 기적'이라고 했다. 사람들과 부딪치지 않고, 할 수 있는 일자리를 찾아야 했다. 울산에서 용역 일을 하는 아들의 친구에게 전화를 걸었다. 사람들과 부대끼는 것을 힘들어하니 친구와 함께할 수 있게 해 달라고 부탁했다. 다행히 아들의 친구는 쾌히 승낙했다. 그런데 막상 가려고 하니. 아들은 몹시 주저했다. 7년 동안의 은둔을 깨기란 쉽지 않았을 것이다.

아들은 몇 날 며칠 고민했다. 나는 절대 서두르지 않았다. "가서 오래 있지 않아도 돼, 힘들면 언제든지 집으로 오면 된다." 일단 집 밖으로 나서는 것이 목표였다. 드디어 아들이 용기를 냈다. 그의 아버지는 그때까지도 기대조차 하지도 않았다. "지금까지 한 번도 약속을 지킨 적이 없으니, 보나 마나 사흘도 안 돼서 보따리 싸서 올 거다."라고 했다. "실패해도 괜찮네. 다시 돌아오더라도 원망하는 말은 하지 말게. 지금까지도 속고 살았는데, 한 번 더 속은들 어떤가. 이제 제 발로 나섰으니 믿어보세. 사람을 변화시키는 방법은 한 가지밖에 없다네. 그게 바로 칭찬일세."

세상으로 향한 한 걸음

아들을 일자리가 있는 울산으로 보내기 위해 그의 아버지는 아들의 짐을 쌌다. 속옷이며, 용돈이며, 겉으로는 미운척해도 막상 하는 걸 보면 눈물겨울 정도다. 아들이 울산으로 간 후에도 나와 종종 통화했다.

"할 만해?"

"죽을 맛입니다."

"쉬어도 돼. 그런데 너, 생각보다 잘하고 있다."

"…네."

"아니, 정말 대단하다."

아들은 울산에서 한 달을 버텨냈다. 건설 현장에는 토목, 전기, 설비 등 여러 종목이 있는데, 종목마다 팀으로 일을 한다. 일이 끝나면 각자 집으로 가서 쉬다가 새로운 일정이 잡히면 함께 모인다고 했다. 아들은 그런 과정을 마치고 집으로 복귀했다. 내가 보기에도 그렇게 기특하고 대견한데, 그의 아버지는 오죽했을까. 표현을 안 해서 그렇지 아들을 바라보는 아버지의 눈에서 꿀이 뚝뚝 떨어졌다. 집으로 온 아들은 나와 자신의 아버지에게 "가시죠, 오늘은 제가 맛있는 고기 사드릴게요."라며 활짝 웃었다.

아들은 이제 한 걸음을 내디뎠다. 중요한 건, 앞으로 나아가는 힘이다. 둘째 아들은 믿을 수 없는 일이 일어났다고 했다. 내가 보기에도 시간이 걸리긴 했지만 놀라운 변화였다.

7년 동안, 세상과 스스로 거리를 두고 살아온 시간은 결코 사라지는 공백이 아니다. 하지만 그 시간은 누구도 대신할 수 없는 내적 성장의 과정이 되었다. 다시 세상으로 걸어 나올 힘을 준비하는 귀중한 시간이 되었다. 이제 취업이라는 성취를 통해 홀로서기에 성공한 아들은 이미 자신을 이겨낸 강인한 사람이란 걸 알았으면 좋겠다. 남들보다 조금 늦은 출발일 수는 있어도, 그 길 위에서 다져진 아들의 마음은 누구보다 강인하다고 나는 믿는다. 살아가면서 마주할 크고 작은 시련조차도 성장의 자양분이 될 것이라고 믿는다.

지금은 자주 만나지 못하지만, 그 아들이 잘살아가고 있으리라 믿는다. 나는 그가 결혼도 하고, 예쁜 아이도 낳고, 세상 속에서 자신감 있게 살아주길 바란다. 그의 손을 잡아주고, 함께 마음을 나누며, 그의 존재를 인정해 주던 시간, 그 시간이 아들에게 새로운 인생의 시작이었다고 믿는다.

실패와 좌절로 방황했던 경험이 있으신가요? 그때 가장 힘이 되었던 것은 무엇이었나요?

07

우리가 서로의
다리가 될 수 있다면

김천 교도소의 문을 처음 열고 들어섰을 때, 내 나이 30대 초반이었다. 지금부터 약 30년 전의 일이다.

청소년 수감자를 위한 '교화 연극 지도'가 나의 강의였다. 그 시절 나는 구미 시립 극단의 연출자였고, 개인 극단을 운영하며 간판 제작업에 종사했다. 사회적으로는 활발했지만, 마음속에는 나에게도 봉사활동의 기회가 없을까? 하는 마음으로 일을 찾던 중, 청소년 교화 프로그램 요청이 들어왔다. 나는 망설이지 않고 수락했다. 그것이 교도소 강의와 인연이 됐다. 10대 후반에서 20대 초반의 청소년들이었다. 목덜미와 코밑에는 솜털이 보송보송한 아이들이다. 까만 눈썹과 초롱초롱한 눈망울, 쑥스럽게 웃으며 마주친 눈을 피하던 아이들을 보면서 '저렇게 순박한 녀석들이 어쩌다 이곳에 와 있는 걸까?' 하는 생각이 들었다.

교도관의 말은 달랐다. "여기서는 고분고분해도 정문만 나가면, 전기 불꽃처럼 튀는 아이들입니다. 한순간도 방심할 수 없는 녀석들입니다." 내 눈에는 그저 미숙한 여린 아이로만 보였다. 한편으로는 수감 중 교육받는 아이들인데, 오죽하면 저렇게까지 말할까? 이해가 되기도 했다.

내가 몸살로 수업을 한 주 강의를 거른 적이 있었다. 그다음 주에 강의실에 들어서자, 아이들이 우르르 몰려와 "선생님 괜찮으세요? 아프지 마세요, 걱정했어요." 그들의 눈빛은 맑고 순수해 보였다. 이 아이들에게 필요한 것은 통제나 낙인이 아니라, 단 한 번이라도 진심으로 자신을 믿어주고, 마음을 다해 가르쳐 주는 어른이라는 생각이 들었다. 그리고 더 열심히 의미 있는 강의를 해야겠다고 다짐했다.

다시 시작할 수 있습니다

청송 교도소에서 '사회 복귀' 강의를 진행할 때였다. 교도소에 들어온 지 18년째인 70대 초반의 수감자는 다음 주에 출소라고 했다. "선생님, 얼마나 좋으시겠어요. 사뭇 설레시겠습니다?"라고 했더니, 그는 표정이 없는 얼굴로 나를 바라보았다. "좋은 거 하나도 없습니다. 지금 나가면 세상이 어떻게 바뀌었을지 적응할 수 있을지 걱정입니다. 나가기 싫습니다.", '아, 어떡해!' 하는 소리가 내 입에서 새어 나올 뻔했다. 힘이 되는 말을 해주고 싶었지만, 내가 감히 저 마음을 함부로 헤아릴 수 있을까? 싶은 마음에 입을 떼기가 조심스러웠다. "네, 그런 걱정이 있었군요. 18년 만에 세상으로 나가시니 낯설고 두렵기도 하겠습니다만, 그래도 세상은 변했지만, 선생님 안의 가능성은 그대로라고 생각합니다. 힘내세요. 제가 응원하겠습니다." 내가 지금 무슨 말을 하는 거지? 말하면서 생각해도, 하나 마나 한 소리를 하고 있다는 생각이 들었다. 힘이 되는 말을 해주고 싶었는데, 감히 그분의 심정을 짐작조차 할 수 없다는 생각이 들었다. 뻔한 말 외에 해드릴 말이 없었다.

하루는 평소에 받아보지 못한 번호로 전화가 걸려 왔다. 교환원의 안내로 통화 희망자와 연결이 되었다. 알고 보니 교도소에서 수감자가 외부 전화 통화 희망 건으로 걸려 온 전화였다. 수화기에서 나와 통화하기를 원하는데 받으시겠습니까? 라고 했다. 받아보니 김세용 씨였다. 내가 보낸 영치금을 받고 인사를 하려고 건 전화였다.

"강사님, 보내주신 거 잘 받았습니다. 제가 한 것도 없는데, 왜…?"
"아, 김세용 씨가 워낙 성실하셔서 힘내시라고…, 편한 마음으로 받아주면 좋겠습니다."
"감사합니다. 출소하면 반드시 찾아뵙고 인사드리겠습니다."
인성 교육 강의를 진행할 때, 수강생 중 유난히 적극적인 참가자였다. 30대 초반인 그는 수감 초기에는 부적응자로 힘들었지만, 지금은 모범 재소자로 인정받아, 조기 출소를 앞두고 있다고 했다. 나는 그에게 작은 힘이 되고 싶었다. 많지 않은 금액이지만, 출소할 때까지 남은 몇 개월 동안 영치금을 보냈다.

희망을 다루는 사람의 태도

교도소 강의는 여느 강의장과는 다른 점이 있다. 처음 문을 열고 들어섰을 때의 묘한 긴장감, 하지만 강의가 끝날 무렵에는 어느새 사람 냄새나는 따뜻한 눈빛으로 마주하던 그들의 모습이 지금도 선명하다. 흔히, 출소한 수감자들은 "내가 거기서 한동안 썩다가 나왔다."라고 한다. 물론 별생각 없이 던지는 말일 테지만, 나는 그 말의 의미를 곱씹어 봤다. '썩었다'라는 건 단순히 시간을 보낸 게 아니다. 그것은 과거의 잘못된 나를 스스로 무너뜨리고 죽이는 과정이다. 죽어서 썩는다는 건 곧 그동안의 삶을 직면하고, 반성하고, 바닥에서부터 다시 일어서기 위한 준비라는 뜻이다. 결국, 그 '썩음'은 새로운 생명을 위한 거름이 된다. 예전의 나는 썩고, 새로운 내가 자라나기 시작하는 시간. 그것은 환골탈태의 과정이며, 인생의 변태 시간을 통과한다는 생각이 들었다. 꿈보다 해몽이 좋아도 괜찮다. 나는 그들의 말을 그렇게 받아들였다.

김천, 안동, 상주, 청송 교도소에서 함께한 소중한 시간이었다. 나는 그곳에서 때때로 따뜻한 인간미를 보기도 했다. 서로를 챙기고, 한마디 말에 울컥하는 순수함. 하지만, 동시에 밖으로 나갈 날이 다가올수록 그들의 눈에 비치는 두려움도 있었다. 세상은 달라졌고, 사람들의 날 선 시선과 편견을 두려워하는 이들도 있었다. 나는 그들에게 "당신은 이미 변화의 첫걸음을 내디뎠고, 세상은 당신의 또 다른 가능성을 기다리고 있습니다. 중요한 건, 당신이 어떤 마음을 먹느냐에 달렸습니다."라고 했다. 기회가 되면 그들을 강의장에서 다시 만나고 싶다.

수감자들에게 전하는 강의는 단순한 말이 아니라, 그들의 닫힌 마음을 두드리는 진심의 문장이라야 한다. 나는 그들이 과거에 머물지 않고, 자신을 다시 일으켜 세울 수 있는 존재의 가치를 발견하길 바란다. 내 강의가 그들에게 "당신도 다시 시작할 수 있다."라는 희망의 불씨가 되기를 바란다. 그 불씨가 삶을 바꾸는 불꽃이 되기를 간절히 바라는 마음이다.

나는 강사로서, 그들에게 힘이 되고 싶다는 생각을 감히 했다. 험한 세상을 건너야 하는 그들에게 나의 표현 강의가 힘이 되는 다리가 되고 싶었다. 그들과 눈을 맞추며 나도 다시 배운다. **인생은 언제든 다시 시작할 수 있고, 가장 어두운 터널 끝에 빛은 존재한다고 말해주고 싶다.** 그들의 변화된 삶은 하나의 표현이다. 삶의 방향을 틀고, 새로운 의미를 찾아가는 여정은 우리가 모두 배워야 할 용기의 이름이다. 언젠가 그들이 또 다른 누군가의 다리가 되기를 소망한다. 험한 세상, 우리는 서로의 다리가 되어야 한다. 그것이 진짜 사회 복귀이며, 진짜 인생의 복원이며 회복이다.

당신이 누군가에게 어떤 다리가 되어주고 싶은가요?

08

세상은 산, 표현은
그 위에 자라는 나무다

표현이 자라야 관계도 산다

세상을 산에 비유하면 인간관계는 그 산을 오르는 길이다. 그 길에 드리운 숱한 나무들은 우리가 세상과 관계를 맺으며 쌓아 올린 표현이다. 산이 아무리 높고 웅장해도 나무가 자라지 못한다면 그것은 결국 돌무더기에 불과하다. 마찬가지로 인간관계 속에서 아무리 좋은 사람과 맺어져도 서로의 마음을 드러내는 말이 없다면 그 관계는 금세 삭막해지고 메말라 간다. 산의 울창함이 나무의 뿌리와 잎으로부터 비롯되듯이, 관계의 풍요로움도 우리의 소소하게 주고받는 한마디, 눈빛, 몸짓 같은 표현으로 시작한다. 산이 나무를 품고 있듯이, 사람도 표현을 품고 있다. 산에 나무가 자라지 않는다면 토양은 쉽게 무너지고 바람과

비에 휩쓸려 황폐해진다. 마치 한 번의 큰비로도 산사태가 나는 벌거숭이 산처럼, 말이 없는 관계는 작은 갈등에도 쉽게 무너질 수 있다.

인간관계에서 표현은 단순히 기분을 전달하는 수준에 머물지 않는다. 그것은 상대방의 존재를 인정하고 존중한다는 표지이다. 우리가 이 관계를 소중히 여긴다는 신호다. 우리가 살아가는 동안 '내 마음을 알아주겠지.', '굳이 말하지 않아도 알 거야.' 하지만, 그것은 벌거숭이 산에 비가 오기를 기다리는 것과 같다. 한 번도 심지 않은 나무가 스스로 자라기를 바라는 것처럼 어리석다.

표현은 관계의 토양을 붙잡는 뿌리다. 산에서 나무가 하는 첫 번째 역할은 토양의 유실을 막는 일이다. 나무의 뿌리가 토양을 붙잡아 주어야만 흙이 쓸려가지 않고, 비바람에도 견고함을 유지한다. 관계에서도 말이 없다면 감정이 점점 유실되고, 오해와 불신의 틈이 벌어진다. '오래된 부부가 무심하게 지내다 결국, 낯선 사람처럼 되어 버리는 것', '오랜 친구가 사소한 오해를 풀지 못해 멀어지는 것', 모두 소통의 부재가 만들어 낸 슬픈 결과다. 표현이라는 뿌리가 없으니, 감정의 토양이 휩쓸려 내려간다.

또한, 나무는 산에 생명을 불어넣는다. 단순히 토양을 지키는 것만이 아니라, 그 안에 다양한 생태계가 살아 숨 쉴 수 있게 한다. 나무가 있기에 새가 날아와 둥지를 틀고, 바람이 지나가며 잎을 흔들어 소리를 만들며, 숲이 되어 계절마다 색을 달리한다. 마찬가지로 표현은 관계에 생기를 더해준다. '고맙다는 한마디', '미안하다는 인정', '좋아한다는 고백' 모두가 관계를 숨 쉬게 하는 빛이다. 나무가 사계절에 따라 잎을 갈아입듯, 사람도 관계 안에서 표현을 바꿔 가며 성장한다. 상대가 기뻐할 때는 함께 웃고, 상대가 슬플 때는 말 없이 등을 두드려 주는 것, 그것이 바로 표현하는 것이다.

날마다 한 그루의 나무를 심어라

소통이 없는 산은 결국 사막이 되고, 말이 없는 관계는 결국 절벽이 된다. 돌덩이만 남아 척박해진 산에서는 생명이 살 수 없듯이, 서로의 마음이 오가지 않는 관계 속에서는 따뜻함이 살 수 없다. 하지만 아무도 심지 않은 씨앗이 스스로 자라는 법은 없다. 관계도 마찬가지다. 우리가 먼저 표현해야만, 그것이 뿌리를 내리고 가지를 뻗어 그늘이 된다. 표현하지 않는 사랑은 사랑이 아니다. 표현하지 않는 존중은 존중이 아니다. 사랑도 존중도 모두 드러낼 때만이 비로소 존재한다. 말은 일회성의 언어가 아니다. 그것은 시간을 담아내는 과정이다.

산의 나무는 오랜 시간에 걸쳐 자란다. 매년 조금씩 뿌리를 더 깊이 내리고, 가지를 크게 뻗으며, 그늘을 더 넓게 드리운다. 관계의 표현도 이와 같다. 단번에 상대를 감동하게 하는 말 몇 마디보다, 작은 표현을 지속해서 쌓아 가는 것이 중요하다. 아무리 늦게 심어도 나무는 자란다. 우리가 용기 내어 표현하기 시작하면, 관계는 다시 살아난다. 그러니, 관계가 메말랐다면 자신을 돌아보아야 한다. 혹시 내가 심어야 할 나무를 심지 않았던 것은 아닌가. 혹시 내가 해야 할 표현을 미루고 있었던 것은 아닌가. 관계는 스스로 자라지 않는다. 우리가 말로, 눈빛으로, 몸짓으로 끊임없이 물을 주고 가꾸어야 한다.

오늘 내가 건네는 말이 당장 눈에 띄는 열매를 맺지 않는다. 그래서 우리는 말을 아끼거나, 표현을 미루거나, 속마음을 드러내지 않는다. 하지만 말은 공기처럼 사라지는 것이 아니라, 관계라는 땅에 뿌리내리는 나무의 씨앗에 가깝다. 오늘 심은 말은 보이지 않는 곳에서 천천히 자라, 언젠가 나를 지탱해주는 숲이 된다.

내가 보낸 응원이나 감사의 표현들이 그 순간에는 사라지는 듯하지만, 상대의 기억에 기름진 토양이 되어, 내가 흔들리거나 주저앉고 싶을 때 나를 잡아주는 힘이 되어 주리라 믿는다.

반대로 표현하지 않은 마음은 심지 않은 나무와 같다. 산은 그대로 있어도 숲은 저절로 생기지 않는다. 관계도 마찬가지다. 좋아하는 마음, 고마운 마음, 미안한 마음을 말로 옮기지 않으면 관계는 메마른 채로 남는다. 우리는 흔히 결과를 바라지만, 관계의 보상은 언제나 먼저 심은 말에서 시작된다.

오늘 내가 어떤 말을 심을지 선택하는 일은, 미래의 나를 위한 준비다. 다정한 말 한 그루, 진심 어린 표현 한 그루가 쌓여 언젠가 나를 기대게 할 큰 나무가 된다. 그러니 오늘은 아끼지 말고 심어보자. 말이라는 나무는 결국, 관계라는 이름으로 나에게 돌아온다.

산이 돌로만 이루어져 있어도 여전히 산이라 불리지만, 그 산은 척박하고 무섭다. 사람과 사람 사이도 마찬가지다. 관계의 형태만 남아 있는 만남은 결국 무의미하다. 표현이라는 나무가 빼곡히 들어서야만, 그곳이 비로소 살아 있는 산이 된다. 황폐한 돌산에 나무를 심어 숲을 만드는 사람들의 이야기를 보라. 처음에는 겨우 몇 그루의 묘목으로 시작하지만, 그 묘목들이 모여 숲이 되고 생태계가 되듯, 우리의 한마디 한마디도 모여 새로운 관계의 숲을 이룬다. 관계에서 표현한다는 것은 단순히 말하는 것이 아니다. 그것은 상대를 향해 마음을 열고, 그가 거기 있음을 인식하며, 그와 함께하고자 한다는 의지를 드러내는 행위다. 그것은 사랑이고, 책임이며, 성숙이다. 우리는 때로 너무 익숙해져서 잊어버린다. 산이 당연히 나무로 덮여 있다고, 관계가 당연히 유지될 거라고. 그러나 자연도 버려두면 무너지듯, 관계도 표현이 없으면 스러진다.

오늘, 당신은 어떤 나무를 심을 것인가? 누군가에게 어떤 표현을 할 것인가? 그 질문 앞에 망설이지 말자. 사소한 표현이라도 괜찮다. '잘 지냈어?'라는 안부에서 시작해도 좋다. 언젠가 당신의 삶 속에, 당신이 심어 둔 표현들이 숲이 되어 당신을 지켜줄 것이다. **산에는 나무가**

자라나 숲이 되듯, 우리의 표현도 관계 속에서 뿌리내려 서로를 지탱한다. 세상은 여전히 산처럼 높고 깊지만, 우리가 그 안에서 살아갈 수 있는 것은 서로의 마음에 심어 둔 말들 덕분이다.

세상은 산이다. 그 산에 생명이 깃들 듯, 우리는 관계 속에서 숨 쉬며 살아가는 존재들이다. 그러니 오늘도 당신의 마음에서 작은 씨앗 하나를 건네길 바란다. 그것이 사랑이고, 삶이며, 우리가 살아 있다는 증거다. 그리고 우리는 모두 그 숲의 일부다. 나는 오늘도 표현이라는 씨앗을 심는다.

오늘의 표현 점검

표현이란 산에 내가 심은 나무가 잘 자라는지, 꽃이 피고 열매를 맺었는지 살펴보세요.

태도 · 기준 · 선택 편

이 워크북은 갈등을 해결하기 위한 답안지가 아니라, 다음 선택을 더 나아지게 만드는 점검 도구입니다. 상황 이후에 천천히 적용하며, 자신의 표현 기준을 다듬는 데 활용해 보세요. 작은 행동의 변화가 관계의 흐름을 바꿉니다

[1단계] 제시

나는 관계와 삶에서 이런 선택을 하고 있지는 않나요? (✔ 체크)

불편함이 생기면 구조를 바꾸기보다 참고 견딘다. ☐

책임이 커질수록 한발 물러선다. ☐

오해가 생겨도 해명보다 시간을 믿는다. ☐

나의 기준을 설명하지 않은 채 이해받기를 바란다. ☐

[2단계] 상대방의 반응

이 선택은 타인에게 이렇게 인식될 수 있습니다. (✔ 체크)

함께 가기보다 혼자 버티는 사람으로 보인다. ☐

신뢰하기엔 거리가 느껴진다. ☐

기준과 방향이 모호한 사람으로 인식된다. ☐

관계에 주도성이 없다고 느껴진다. ☐

[3단계] 대처 방법

말을 늘리지 않고, 방향과 구조에 변화를 주는 선택을 해보세요. (✔ 실천)

"불편함이 생기면 구조를 바꾸기보다 참고 견딘다."
→ 버티던 자리를 정리하고, 역할이나 경계를 재설정한다.

- -

"책임이 커질수록 한발 물러선다."
→ 물러섰던 책임 중 하나를 의식적으로 맡아본다.

- -

"기준과 방향이 모호한 사람으로 인식된다."
→ 시간을 기다리는 대신, 작은 기준을 먼저 드러낸다.

- -

"나의 기준을 설명하지 않은 채 이해받기를 바란다."
→ 이해받기보다, 먼저 방향을 선택해 보여준다.

기억할 문장

**표현은 말에 있지 않습니다.
어디에 서고, 무엇을 선택하느냐가 이미 하나의 메시지입니다.**

PART 5

나만의 목소리,
말하는 사람으로
살아가다

01

표현은 기술이 아니라
태도다

잘 전하기 위해 애쓰는 일

우리는 흔히 표현을 잘하는 사람을 기술이 좋은 사람이라고 생각한다. 마치 글을 잘 쓰거나, 악기를 잘 다루거나, 운동을 잘하는 것처럼, 표현도 배우고 연습하면 능숙해지는 기술이라 여긴다. 그래서 사람들은 가끔 이렇게 말한다. '나는 표현을 못 해, 나는 그런 기술이 없어.' 과연 표현은 기술일까? 아니면 그보다 더 깊은 무엇일까? 표현은 사람을 대하는 근본적인 마음가짐이다. 기술은 반복과 연습을 통해 향상될 수 있지만, 태도는 마음의 상태에서 시작한다. 마음이 열려 있지 않으면 아무리 화려한 기교를 배워도 진심을 담아내지 못한다. 아무리 정제된 단어를 선택하고 세련된 문장을 말해내도, 상대방은 곧바로 느낀다. "이 말은 마음에서 나온 게 아니구나!" 반대로 서툴고 어눌한 표현이라도 마음을 담아 전하면 상대의 가슴에 오롯이 전달된다.

이 점을 깨닫기 위해서는 표현이 무엇을 위한 것인지 먼저 질문해야 한다. 표현은 결코 자신을 돋보이게 하기 위한 수단이 아니다. 표현은 관계를 잇고, 상대를 존중하며, 함께 살아가기 위해 자신을 드러내는 행위다. 당신이 상대를 존중하고 소중히 여긴다면, 표현은 비록 서툴지라도 진심으로 빛난다. 반대로, 당신이 상대를 무시하거나 두려워한다면, 아무리 유창하고 세련된 언변을 지녔다 해도 공허하게 울린다. 태도가 바뀌지 않으면, 기술은 오히려 무기가 되어 사람에게 상처를 입히기도 한다.

표현을 기술로만 보는 사람들은 언제나 방법을 찾는다.
'어떻게 하면 상대의 마음을 사로잡을까?'
'어떤 말을 해야 내 뜻이 잘 전달될까?'
'이런 상황에서 가장 적절한 대답은 무엇일까?'

하지만 태도로서의 표현을 아는 사람은 이렇게 묻는다.
'내가 지금 충분히 마음을 열고 있는가?'
'상대를 진심으로 바라보고 있는가?'
'나는 그의 이야기를 들을 준비가 되어있는가?'

기술로서의 표현은 자칫 계산되기 쉽다. 효율성과 결과를 중요하게 여기기 때문이다. 상대의 반응을 얻기 위해, 원하는 결과를 위해 말하고 행동한다. 그러나 태도로서의 표현은 관계를 목표로 삼는다. 상대와 더 나은 연결을 만들고, 서로의 마음을 이해하기 위해 말하고 행동한다. 기술적 표현이 빠른 성과를 가져올 수는 있지만, 그것만으로는 관계를 지속할 수 없다. 태도가 없는 기술은 오래가지 못한다. 결국, 진심이 드러나기 때문이다. 거짓은 감출 수 없다. 아무리 포장해도 시간이 지나면 백일하에 드러난다. 표현을 기술이라고 믿는 사람들은 언제나 부족함을 두려워한다. '나는 말주변이 없어서, 나는 감정을 잘 못 드러내서.'라며 자신을 숨기고 표현하기를 꺼린다. 그러나 태도로서의 표현은 완벽하지 않아도 된다. 오히려 진솔한 부족함이 관계의 밀도를 높일 수 있다. '서툴러도 말하는 용기', '다소 거칠어도 마음을 전하려는 태도'가 중요하다.

이처럼 태도로서의 표현에는 세 가지 요소가 있다. 첫째, 마음의 방향이다. 표현은 나를 향한 것이 아니라, 상대를 향한 것이다. 내 감정만을 풀어내기 위해 상대를 이용하는 것이 아니라, 상대가 그 말속에서 자신의 소중함을 느끼도록 하는 것이다. 그래서 표현은 반드시 상대방의 마음을 염두에 두어야 한다. 둘째, 진심이다. 태도에는 늘 진심이 깃든다. 상대가 듣기 좋은 말을 찾기 전에, 내 안에서 진심이 있는지를 먼저 살펴야 한다. 셋째, 용기다. 때로 표현하는 데는 큰 용기가

필요하다. 태도가 갖춰진 사람은 두려움을 이겨내고 한 걸음 더 나아
간다. 서툴러도, 어색해도, 표현하지 않는 것보다는 낫다는 것을 알기
때문이다.

태도를 바꾸면 표현이 살아난다

기술을 배우기 전에 태도를 점검하라. 마음이 열려 있지 않다면, 어
떤 멋진 단어나 화법도 소용없다. 표현을 기술로만 생각하는 사람은
늘 더 좋은 말을 찾기 위해 애쓴다. 그러나 태도로 접근하는 사람은 더
좋은 마음을 찾기 위해 자신을 돌아본다. 그래서 진짜 표현을 잘하는
사람은 말수가 적어도, 짧은 한마디 속에서 사람을 감동하게 한다. '고
맙습니다.', '수고 많았어요.', '괜찮아, 나는 네 편이다.' 이런 짧은 말에
도 진심이 담기면 그 울림은 오래 남는다.

기술을 쌓기보다 태도를 바꾸면 더 깊이 있는 관계를 만들 수 있다.
왜냐하면, 기술은 시대와 상황에 따라 바뀔 수 있지만, 태도는 보편적
이기 때문이다. 100년 전에도 진심 어린 말 한마디가 사람을 움직였
고, 100년 후에도 마찬가지다. 기술은 형태를 바꾸지만, 태도는 관계
의 본질을 지킨다. 물론 표현의 기술을 배우고 갈고닦는 것은 유용하
다. 그러나 그것은 어디까지나 태도의 확장이어야 한다.

우리는 자신을 향해 이렇게 말하지 않아야 한다. '나는 표현을 못 해.

나는 기술이 없어.' 대신 이렇게 말하자. '나는 아직 마음을 열지 못했어. 이제부터 천천히 열어볼 거야.' 표현을 기술로 생각하면 경쟁이 되지만, 태도로 생각하면 연대가 된다. 표현을 기술로만 익히려 하면 부담이 되지만, 태도로 받아들이면 자연스러워진다. 그것은 사람을 향해서는 방식이다. 상대를 향해 마음을 열어주고, 진심을 담아 용기 내어 다가서는 것. 그것이 표현이다.

우리는 누구나 서툴다. 그러나 마음을 여는 태도를 잃지 않는 한, 우리는 언제나 서로를 이해하고 이어갈 수 있다. 기술이 아닌 태도로서의 표현이야말로 관계를 지탱하는 진짜 힘이다. 그리고 그 태도를 보일 수 있는 사람은, 언제나 새로운 관계를 만들고 더 깊은 관계를 유지할 수 있는 사람이다.

표현이 달라지면, 세상도 달라진다. 그리고 그렇게 달라진 세상 속에서 우리는 더 외롭지 않다. 서로를 향해 진심을 건네는 사람들이 만들어 내는 따뜻한 관계가 우리를 지탱해 준다. 그것이 바로 표현의 본질이다.

오늘의 표현 점검

태도가 좋지 못한 사람을 만난다면 어떻게 해야 할까요?

02

한마디 말이
관계를 되돌린다

가장 작은 솔직함이 가장 큰 신뢰를 만든다.

– 브레네 브라운 (Brené Brown)

인간관계의 본질은 언제나 소통에서 시작된다. 그러나 표현이라는 행위를 우리는 거창한 것으로 오해한다. 감탄사를 붙이거나 감정을 실어야 제대로 표현하는 것으로 생각하거나, 이벤트가 있어야 특별한 의미가 있다고 생각한다. 관계의 뿌리를 내리기 위해 꼭 필요한 사소한 고백들을 종종 놓친다. 마치 밭에 심어둔 작은 씨앗처럼, 눈에 띄지 않아 물을 주는 것을 잊어버리는 것과 같다. 돌이켜보면 관계를 지탱하는 것은 거창한 선언이 아니다. 바로 작고 소소한 고백들이다. 그것들이 모여 관계의 밑거름이 되고, 시간이 흐름에 따라 서서히 굳어져 신뢰의 토양이 된다. 사소한 고백이 어떻게 관계를 만드는지를 사회심리학과 커뮤니케이션 이론의 맥락에서 짚어보자.

관계는 사소함 위에 세워진다.

심리학자 해럴드 켈리(Harold Kelley)와 존 티바웃(John Thibaut)은 관계에서의 교환이론(exchange theory)을 통해, 사람들은 상대에게서 받는 보상이 기대치에 부합하거나 그 이상일 때 관계를 유지한다고 주장했다. 흥미로운 점은, 그 보상이 반드시 물질적이거나 크고 극적이어야 할 이유는 없다는 점이다. 오히려 관계에서 더 큰 힘을 발휘하는 것은 정서적 보상이다. 이것은 주로 일상적이고 반복적인, 사소한 표현에서 비롯된다. 이를테면 '오늘 컨디션은 괜찮으세요?'라는 말 한마디, '어제 보내준 글 잘 읽었어요.'라는 짧은 피드백, 혹은 '지금 괜찮아요?'라고 묻는 말 같은 것이다.

이러한 사소한 고백들은 관계에 관심이 있다는 암묵적 표현이다. 사람들은 자신이 상대방의 인식 속에 존재하는 것을 확인할 때 정서적 안정을 얻는다. 이 정서적 안정은 신뢰로 이어진다. 신뢰가 쌓여야 관계를 지속한다. 다시 말해, 사소한 고백은 관계라는 나무의 뿌리를 깊게 내리는 데 꼭 필요한 물줄기다.

왜 우리는 사소한 고백을 주저하는가?

많은 사람이 사소한 고백을 잘못한다. 그 이유는 다양하다. 첫째, 표현이 과소평가되기 때문이다. '그런 말은 안 해도 안다.'라는 생각이 지배적이다. 실제로 비언어적 커뮤니케이션의 비중이 크다는 연구 결과는 많지만, 인간은 기본적으로 언어를 통한 확인이 필요하다. 아무리 표정과 행동으로 감정을 전달한다고 하더라도, 그것을 언어로 구체화할 때 상대는 더 명확히 이해한다. 우리는 생각보다 많은 경우에 상대방의 마음을 알아채지 못한다. 둘째, 거절이나 어색함에 대한 두려움이다. 혹시 부담을 주는 게 아닐까? 이런 말을 하면 오히려 거리를 두지 않을까? 라는 불안은 사소한 고백을 차단해 버린다. 그러나 이러한 두려움은 관계를 성장시키기보다는 오히려 고립시키는 방향으로 작동한다. 오히려 작은 고백들이 쌓여야만, 더 큰 감정이나 요청을 해도 부담스럽지 않은 기반이 생긴다. 사소한 고백을 두려워하는 것은, 씨앗을 뿌리지 않고 풍성한 수확을 기대하는 것과 같다.

사소한 고백이 관계에 미치는 심리적 효과

사소한 고백의 핵심적인 심리 효과 중 하나는 상호성이다. 사회심리학에서는 상호성 규범(norm of reciprocity)을 통해, 우리가 누군가에게 작은 호의를 베풀면 상대도 비슷한 방식으로 응답하려는 경향이 있다고 설명한다. 이 상호성은 관계를 대칭적으로 만들고, 상대에게 심리적 안정감을 준다. 특히 사소한 고백이 주는 안정감은 일종의 심리적 안전지대(psychological safety)를 형성한다. 조직 심리학자인 에이미 에드먼슨(Amy Edmondson)이 강조한 바와 같이, 심리적 안전지대는 사람들에게 더 솔직하고 개방적인 대화를 가능하게 한다. 결국, 사소한 고백은 상대에게도 표현의 문을 열어주어, 더 깊은 유대감으로 발전할 수 있는 토대를 마련한다. 또 다른 효과는 지속성이다. 관계의 가장 큰 적은 자연스러운 멀어짐이다. 사소한 고백이란, 관계에 끊임없이 물을 주는 것과 같다. 마치 꽃에 물을 주지 않으면 시드는 것처럼, 관계도 사소한 표현 없이는 유지될 수 없다. '보고 싶었다.', '오늘따라 생각이 나네.', '아프다고 하더니 괜찮아?' 사소한 고백이야말로 관계의 숨통을 틔워주는 산소다. 우리는 그 산소가 부족할 때 관계가 갑작스레 시들고 끊어지는 것을 경험한다.

사소함도 기술이 아닌 태도

이쯤에서 우리는 중요한 질문 하나를 던질 필요가 있다. 사소한 고백을 잘하기 위한 기술을 배우면 되는가? 이 질문에 대한 답은 아니요, 이다. 사소한 고백은 기술이 아니라 태도다. 상대를 존중하고, 관심을 가지고, 그 사람의 존재를 인식하려는 태도가 전제되지 않으면 사소한 고백은 오히려 의례적이고 형식적으로 느껴진다. 진심 없는 사소한 고백은 차라리 하지 않는 편이 낫다.

따라서 우리가 가져야 할 것은 관심의 감수성이다. 상대의 말과 표정을 주의 깊게 보고 듣고, 그 사람이 무엇에 기뻐하고 무엇에 민감해하는지를 느끼는 것이다. 이 감수성이 있다면 굳이 멋진 말을 준비하지 않아도 된다. 그저 '오늘 힘들었을 텐데, 괜찮아요?'라는 한 마디에도 진심이 담기고, 그 진심이 상대에게 전달된다.

사소한 고백의 힘을 회복하기 위해

마지막으로, 우리는 관계 속에서 사소한 고백을 실천하기 위한 몇 가지 실천적 조언이 필요하다.

첫째, 지금 바로 고백하라. 좋은 표현은 대개 타이밍을 놓치면 의미가 반감된다. 생각이 떠올랐다면 미루지 말고, 짧게라도 표현하라.

둘째, 구체적으로 고백하라. '고마워.'보다, '어제 나 대신 서류 챙겨줘서 정말 고마웠어!'와 같이 맥락과 행위를 담아야 진심이 전달된다.

셋째, 습관적으로 고백하라.

관계는 유지가 아니라 관리의 대상이다. 매일 한 번씩이라도 상대의 마음을 확인하고, 표현하는 습관을 들이자. 우리는 종종 관계를 무너뜨리는 것이 큰 사건일 것으로 생각하지만, 실제로는 사소한 무관심의 축적이 더 위험하다. 마찬가지로 관계를 지탱하는 것도 대단한 것이 아니라, 작은 고백의 축적이다. 그 고백들은 관계의 뿌리를 깊이 내리게 하고, 시간이 흐르며 관계를 더욱 견고하게 한다.

그러므로 인간관계의 본질을 이해하는 사람이라면, 사소한 고백의 힘을 신뢰해야 한다. 그것은 언제나 관계를 만드는 씨앗이자, 관계를 살리는 물줄기이기 때문이다. 사소한 고백을 주저하지 않는 태도가 있는 사람에게만, 좋은 관계라는 숲이 무성히 자란다. 그리고 그 숲은 당신을 지키는 그늘이 되어줄 것이다. **관계는 거창한 말보다 사소한 고백에서 깊어진다. 짧은 진심이 벽을 허물고 마음을 잇는다.** 숨기지 않고 솔직하게 표현하는 그 순간, 관계는 진정성을 얻고, 서로를 이해하는 통로가 열린다. 작은 고백이 큰 변화를 만든다. 지금 당신의 마음에 떠오르는 누군가가 있다면, 오늘 바로 짧은 고백을 건네라. '너를 생각했어.' 그 사소한 한마디가 관계의 새로운 뿌리가 될 것이다.

오늘의 표현 점검

당신은 누구에게 사소한 고백을 하시나요?

03

'고맙다', '미안하다'가
만드는 기적

고맙다는 마음을 연결하고, 미안하다는 마음을 치유한다.

– 최호용

언어학자들은 인간의 언어를 관계의 기술이라고 부른다. 단어와 문장 하나가 관계를 만들고, 또 관계를 파괴하기 때문이다. 그 수많은 언어 중에서도 인간관계에서 가장 강력한 힘을 발휘하는 문장이 있다. 바로 '고맙다'와 '미안하다'이다. 이 두 문장은 단순한 감탄사나 예의 차원의 문구가 아니다. 인간관계라는 복잡한 구조를 지탱하는 기둥이자, 갈라진 틈을 메우는 강력한 접착제다. 이 글에서는 '고맙다'와 '미안하다'는 두 문장이 왜 기적의 문장이며, 어떻게 관계를 변화시키고 회복시키는지 생각해 보자.

고맙다는 마음을 연결하는 가장 짧은 다리

심리학자 로버트 에몬즈(Robert Emmons)는 감사의 심리가 인간의 정신적·사회적 건강에 미치는 긍정적 영향을 연구한 권위자다. 그의 연구에 따르면, 감사의 표현은 단순히 예의를 표하는 것이 아니라, 상대와 나를 연결하는 정서적 동의의 순간을 만들어 낸다고 한다. 사람들은 누구나 자신의 노력이 인식되고 있다는 것을 확인받고 싶어 한다. 그것이 충족되지 않을 때 관계의 균열이 시작된다. 하지만 짧은 한마디, '고마워'는 그 틈을 메운다. 이 문장은 상대가 한 행위를 사회적으로 가시화하고, 그로 인해 상대는 자기 존재의 의미를 확인한다. 고맙다는 단어는 '당신이 나를 위해 쓴 시간과 마음을 알고 있다'라는 긴 문장의 응축이다. 우리는 종종 이런 진실을 잊어버린다.

감사의 표현이란, 나의 약점을 드러내거나, 권위를 잃는 것이 아니라, 오히려 상대에게 주고 나 자신이 인정받는 행위다. 감사의 표현을 하지 않는 사람 곁에는 점점 사람이 사라진다. 그것은 사람의 마음이 타고난 선함 그 자체로 유지되는 것이 아니라, 끊임없이 주고받는 확인과 신호를 통해 유지되기 때문이다. 그러니, 감사의 표현을 할 때는 너무 망설이지 말자. 별거 아니라며 속으로만 생각하고 끝내지 말자. 당연하다고 생각하지 말자. 별거 아닌 걸 누군가 해주었기에 지금의 내가 있을 수 있다.

미안하다는 틈을 메우는 가장 진솔한 도구

관계에서 누구나 크든 작든 실수를 한다. 인간관계에서 갈등이 생기는 이유는 실수 그 자체 때문이 아니라, 그 실수를 부정하거나 무시할 때이다. 미안하다는 말은 나의 실수를 인정하고, 그로 인해 생긴 틈을 메우는 첫 번째 단계다. 하지만 사과가 쉽지 않다. 이유는 다양하다. 자존심 때문이기도 하고, 잘못을 인정하면 지는 것 같아서이기도 하다. 그러나 아이러니하게도 미안하다는 문장은 상대방의 마음을 얻는 가장 강력한 도구라는 사실을 알아야 한다. 심리학자 캐롤 타브리스(Carol Tavris)는 사과의 힘을 연구하며, 인간관계에서 가장 놀라운 아이러니는, 진심 어린 사과가 자존심을 낮추는 것이 아니라 오히려 관계 속에서 내 위치를 더 견고하게 만든다는 점이라고 말했다.

'미안하다'는 말은 인간이 불완전한 존재임을 인정하는 성숙함의 표현이다. 그리고 그것은 상대에게도 불완전함을 허락하는 메시지가 된다. 완벽해야만 사랑받고, 존중받는 것이 아니라는 것을 깨닫게 하는 것이다. 오히려 사과할 줄 모르는 관계 속에서는 서로가 더 많은 방어기제를 만들고, 감정을 숨기며, 점점 진정성 없는 말만을 주고받게 된다.

왜 우리는 쉽게 말하지 못하는가?

그러나 현실에서는 '고맙다'와 '미안하다'가 그리 쉽게 나오지 않는다. 감사의 경우에는, 당연시하는 문화와 연결되어 있다. 특히 오래된 관계일수록 고마움보다는 의무를 먼저 생각한다. 부모와 자식, 배우자 사이에서 고맙다는 말을 거의 하지 않는 이유가 여기에 있다. 오래된 관계일수록 공기의 존재처럼 상대를 느끼기 때문에, 고마움은 무뎌지고 불평만 남는다. 하지만 생각해 보면, 그 당연한 존재가 사라졌을 때 우리는 뒤늦게 알게 된다. 그 배려가 얼마나 큰 것이었는지를. 고마움을 표현하는 것은, 실은 존재를 다시 보게 하는 중요한 행위다.

사과의 경우에는, 앞서 말했듯이 자존심과 불안 때문이다. 내가 사과하면 상대가 나를 우습게 볼지도 모른다는 두려움, 상대도 잘못했는데 왜 나만 먼저 사과해야 하냐는 억울함이 우리의 입을 막는다. 하지만 관계를 지키는 데는 손익계산이 아니라 용기가 필요하다. 사과는 패배가 아니라 회복이다. 단, 조건 없는 진심 어린 사과여야 한다. 미안하지만 같은 단서를 다는 사과는 오히려 불신을 부른다.

'고맙다'와 '미안하다'는 왜 기적인가?

'고맙다'와 '미안하다'는 기적의 문장이다. 그 이유는 한순간에 관계의 공기를 바꾸기 때문이다. 오래된 원망도 진심 어린 사과 앞에서는 순간적으로 누그러진다. 케케묵은 서운함도, 뜻밖의 고마운 말 한마디에 사르르 녹아버린다. 관계가 단절의 위기에 몰렸을 때조차, 상대가 정말 미안하다고 말을 하거나 혹은 정말 고맙다는 말을 한다면, 새로운 가능성이 열린다.

닫혀 있던 마음의 문을 열고, 돌아설 것 같던 발걸음을 멈추게 한다. 무엇보다, 이 두 문장은 상대방의 인간다움을 존중하는 동시에, 나 자신의 인간다움도 지켜준다. 나를 더 낮추어야 하는 것이 아니라, 나와 너를 더 높여주는 말이다.

실천적 지혜: '고맙다', '미안하다'를 더 자주 말하는 법

이제 우리는 '고맙다', '미안하다'는 관계를 살리고, 지키는 기적의 문장이라는 것을 알았다. 그렇다면 그것을 더 자주, 더 잘 말하려면 어떻게 해야 할까?

첫째, 감정을 구체화하자. 고맙다는 말에도 맥락이 담기면 더 진하게 전달된다. "어제 네가 늦게까지 도와줘서 정말 고마웠어!"와 같이 무엇에 대한 감사인지 밝히자.

둘째, 시간을 놓치지 말자. 사과나 감사는 시간이 지나면 효과가 줄어든다. 오늘 바로 말하자.

셋째, 말하는 연습을 하자. 감사도 사과도 익숙하지 않으면 어색하다. 하지만 연습하면 더 자연스러워진다. 어색한 말이라도, 하지 않는 것보다는 백배 낫다.

넷째, 마음속 독백을 하지 말고 표현하자. "속으로는 늘 고맙다고 생각해."라는 말만 하지 말고, 그 생각을 입 밖으로 내어야 상대도 알 수 있다.

우리는 모두 실수를 하고, 모두 누군가 덕분에 살아간다. 그런데도 많은 사람이 여전히 사과하지 못하고, 감사하지 않는다. 그것이 관계를 피폐하게 만든다. 그러나 관계를 되살리는 건 어렵지 않다. '고맙다'와 '미안하다' 이 두 문장을 용기 내어 말하는 것으로 충분하다. 그것이 관계를 치유하고, 더 깊게 만드는 첫걸음이다. 기적은 언제나 아주 작고 평범한 것에서 시작된다. 이제 망설이지 말고, 말하라. "고마워. 네가 있어서 정말 다행이야." 혹은 "미안해."라고 말하는 그 순간, 기적은 시작된다. 그리고 당신의 관계는 한 뼘 더 자라 있을 것이다. 고맙다. 미안하다. 이 두 문장이 우리가 살아가는 이유이자, 관계가 지속되는 이유다. 오늘 당신의 입술이 이 기적의 문장을 내뱉을 용기를 내길 바란다. 그리고 그 기적이 당신의 세상에 스며들길 바란다.

오늘의 표현 점검

인간관계를 살리는 당신만의 기적의 문장이 있으신가요?

04

말하는 만큼 사랑하며
살아갈 수 있다

지금까지 나는 많은 무대에 섰다. 배우로서, 강사로서, 모델로서, 그리고, 인간으로서 수많은 사람과 부대끼며 살아왔다. 그러는 동안 절실하게 느껴 온 사실은 인생에 있어서 내가 말하는 만큼 살게 된다는 것이다. 말하지 않는 사랑은 사라지고, 드러내지 않은 감정은 존재 자체가 없다. 나의 말이 나를 존재하게 하고, 말하는 만큼 사랑하게 되며, 사랑한 만큼 살아진다. 그래서 말하는 대로 산다고 한다.

나는 내가 말 잘하는 사람은 아니라고 생각한다. 어린 시절부터 마음속에 있는 것을, 속 시원하게 드러내는 성격이 못됐다. 누군가를 좋아해도, 서운해도, 속상해도, 쉽게 드러내지 못했다. 참는 것이 미덕이라 배운 탓도 있지만, 용기가 부족한 이유가 가장 크다. 그렇게 하루하루 쌓인 침묵은 내가 사랑해야 할 사람들과의 거리를 벌려 놓았다. 내게는 아무도 다가오지 않았고, 내 마음을 아는 사람도 없었다. 스스로 만든 벽이었다. 말하지 않는 사람을 누가 알아주겠는가. 내 안에서 부대끼고만 있는 마음을 누가 알아주겠는가. 사랑도, 관계도 표현될 때만 존재할 수 있다는 것을 그때 알았다. 내가 먼저 마음을 열어 말을 건네야 한다는 것을 알았다. 그것이 관계의 시작이자, 사랑할 수 있는 조건이다.

감정은 드러낼 때 힘이 된다

반드시 말해야만 관계가 열린다. 내가 강사가 되었을 때, 사람의 말이 얼마나 큰 힘을 발휘하는지 실감했다. 말에는 기운이 있다. 말에는 생명이 있다. 말은 모든 것을 시작하게 하는 힘도 있고, 모든 것을 끝장내는 어마어마한 힘이 있다. 내가 말하는 만큼 세상이 내게 다가온다는 것도 그때 알았다. 그때 이후로 나는 더 용감해졌다. 배우로 무대에 설 때도, 모델로 카메라 앞에 설 때도, 사람들과의 일상에서도 내 감정을 숨기지 않고 말했다. 고맙다고, 미안하다고, 보고 싶다고, 기쁘다고, 슬프다고. 내 감정과 생각을 거침없이 표현한다. 때로는 나의 적극적인 표현에 당황해하는 사람도 있었다. "술 한잔하셨어요?"라고 묻길래 "술? 왜요?" 오히려 내가 황당해서 물었더니 "아, 너무 적극적이셔서요."라고 했던 적도 있다.

말이란 마음의 문을 여는 열쇠다. 아무리 진심이 있어도, 그 문을 열지 않으면 상대는 그 안을 볼 수 없다. "우리는 말하지 않아도 통하는 사이야." 무슨 뜻으로 하는 말인지는 충분히 안다. 하지만, 그건 착각이다. 정말 사랑하는 사이라면 더 많이 말해야 한다. 사랑하기 때문에 말하지 않는 것이 아니라, 사랑하기 때문에 더 용기 내어 말하는 것이다. 더 구체적으로 말해야 하고, 더 자주 해야 한다. 살아보니 그렇더라.

말하는 것은 단지 타인을 위한 행위가 아니다. 나를 위한 행위다. 말하지 않은 감정이 쌓여 결국 내 안을 병들게 한다. 말하지 않는다는 건 결국 나를 외롭게 만드는 길이었다. 나는 그것을 아주 오랫동안 모르고 살았다. 누군가를 배려한다는 핑계로 살아온 시절이 있었다. 하지만 말하기 시작한 뒤부터 나는 말하는 게 달라졌다. '고맙다.'라는 말 한마디로 나 자신도 더 홀가분해졌고, '미안해.'라는 말로 나의 잘못을 용서할 수 있게 되었다. 내가 잘하는 말 '나는 당신이 참 좋다.'라는 말은 내 안의 사랑 크기를 더 키우는 말이다. 그리고, '보고 싶다'라는 말은 나를 살아 있는 사람으로 만들었다. 말하는 만큼 나도 사랑을 느끼고, 사랑 속에 사는 사람이 될 수 있었다. 그러니 결국 말하는 만큼 자신을 사랑하는 것이다. 그러고 보면 말한다는 것은, 인생을 즐기는 가장 훌륭한 방법이다.

말하지 않는 사람은 관계를 잃어버릴 수 있다. 내가 만난 많은 사람

중에, 끝내 외로움을 견디지 못하고 떠난 사람들이 있었다. 그들은 하나같이 말하지 않는 사람들이었다. 그저 속으로만 삭이며 살았다. 속으로만 사랑했고, 속으로만 미워했고, 속으로만 고마워했다. 그들은 아무도 몰래 관계가 시들어가는 것을 지켜보다가 결국 지쳐서 등을 돌렸다. 그 모습을 보며 나는 관계에서 말하는 것이 얼마나 중요한지 다시 한번 생각하게 되었다. 사람들은 흔히 말한다. 사랑은 행동하는 것이다. 하지만 그 행동에는 반드시 말이 함께해야 한다. 아무리 성심껏 돌봐 주고, 옆에 있어 주어도 '고맙다.', '사랑한다.'라는 말이 없으면, 그 행동은 '향기 없는 꽃'과 같다. 말해야만 비로소 관계의 빛깔이 선명해진다.

말할 때는 지금이다

말하기에는 용기와 훈련이 필요하다. 특히나 오랫동안 침묵에 길든 사람에게는 더욱 어렵다. 나 역시 그랬다. 한때는 괜찮다, 괜찮다만 하다가, 한 번 용기 내어 말해보니 엄청난 차이를 느꼈다. 말이라는 것은 훈련이 필요하지만, 하면 할수록 더 자연스럽고 편안해진다. 지금도 나는 매일 연습한다. 사람을 만나면 짧은 인사라도 한마디 덧붙이고, 마음속에 떠오르는 생각을 미루지 않고 말로 옮긴다. 엘리베이터 안이나, 지하철에서, 처음 보는 사람에게도 "와, 그 모자가 잘 어울리는군요.", "좋은 일이 있는 사람처럼 보입니다.", "인상이 참 좋으십니다." 이런 말을 주고받으면 더 사랑받고 더 사랑할 수 있게 된다고 믿는다.

사랑은 결국 말의 양과 비례한다. 사랑은 늘 표현하는 만큼 돌아왔다. 말하지 않는 사이에는 감정이 말랐지만, 말하는 사이에는 마음이 흘렀다. 때로는 어설프고 서툴렀지만, 그 서투름마저도 나를 나답게 만들었다. 어떤 말은 어색하고, 어떤 말은 낯부끄럽지만, 그것이 진심이라면 반드시 전달된다. 말하지 않으면 아무리 좋은 마음이라도 의미가 없다. 나는 그 사실을 뼈저리게 배웠다. 그래서 이제 나는 스스로 말한다. **사랑은 마음속에서만 간직할 수 있는 것이 아니다. 그것은 반드시 말로 꺼내야 살아 있는 것이 된다.** 그래야 관계가 지속되고, 삶이 풍요로워진다. 마치 원석을 갈고 다듬어야 보석이 되는 원리와 같다.

오늘, 이 글을 읽는 당신도 사랑하고 싶다면, 오늘이라도 고백하라. 오래된 친구에게 보고 싶다고 전화를 걸어라. 부모님께 고맙다고 메시지를 보내라. 배우자에게 사랑해, 라고 눈을 바라보며 말해보라. 말하지 않으면 아무도 알지 못한다. 당신이 얼마나 사랑하고 있는지를. 당신이 얼마나 멋진 사람인지 증명해 보여라. 살아 있는 한, 우리는 누구에게든 말할 수 있다. 그리고 그 말이 사랑을 만들고, 그 사랑이 다시 삶을 지탱한다. 내가 그 길을 걸어왔듯, 당신도 걸어가길 바란다. 오늘 당신의 입에서 사랑의 문장이 흘러나오길. 그 말이 당신의 삶을 견고하게 지탱해 주길. 그러니 이제 주저하지 말자. 당신의 사랑을, 당신의 삶을 말하라. 당신이 말하는 만큼, 사랑이 자라고 삶이 빛난다. 그리고 그 빛 속에서 우리는 더 사람다워진다. 말하는 만큼, 사랑하는 만큼 살아가자. 오늘부터. 지금 여기서부터….

당신의 살아 있는 말 한마디로 누군가에게 날개를 달아 주세요.

05

내 목소리를 찾는 순간,
인생이 시작된다

내가 사람들 앞에서 거침없이 나를 드러내는 것을 보고, 원래부터 드러내는 걸 잘하는 사람이라고 쉽게 말한다. 하지만 솔직히 말하자면, 무대 위에 선다고 해서 늘 당당한 건 아니다. 겉으로는 자신 있는 척해도, 속으로는 늘 긴장한다. 나는 그 두려움을 숨긴 채, 그저 주어진 역할과 상황을 소화할 뿐이다.

자기표현을 잘한다고 다 멋있고 용기 있는 건 아니다. 사실 나는 하고 싶은 말이 있어도 '괜히 말해봤자 뭐가 달라질까?' 싶어 혼자 삭히기도 했고, 좋아하면서 어영부영 넘긴 적도 많았다. 그렇게 놓친 것들이 한둘이 아니다. 관계도, 기회도, 표현하지 않은 것 때문에 멀어진 사람, 오해로 끝나버린 일들이 생각보다 많았다. 그게 나를 조금씩 힘들게 했다. 천하의 내가, 표현을 주장하는 내가, 왜 말조차 하지 못했을까! 어떤 순간에는 말을 꺼내는 게 더 어렵다.

말하는 사람의 말 못 한 진심

강단에 서서 수백 명 앞에 서는 건 괜찮지만, 좋아하는 사람에게 말하는 건 왜 그렇게 힘들었는지, 아무도 모른다. 내가 사람들 앞에서 말을 잘한다고, 마음마저 잘 드러내는 건 아니다. 사람들에게 좋은 사람으로 보이고 싶고, 민폐 끼치기 싫고, 괜히 기대했다가 실망하기 싫어서 그냥 참고 넘어간 적도 있다. 하지만 그렇게 지내다 보니 남는 건 외로움뿐이었다. 말하지 않으면 달라지는 게 아무것도 없다는 걸, 늦게서야 깨달았다.

어느 순간부터 표현을 배우기 시작했다. 아니, 말하기 시작했다고 하는 편이 맞겠다. 말하지 않는다고 누가 알아주는 것도 아니고, 해야 할 말을 하지 않으면 무난한 사람이 될 수 있어도, 그게 밥 먹여 주는 것도 아니어서, 결국 나만 손해라는 생각이 들었다. 어느 날, 자신에게 물어봤다. 이렇게 계속 살고 싶니? 대답은 아니다였다. 그때부터 다르게 마음먹었다.

내가 먼저 꺼낸 말이 상대를 웃게 만들고, 풀리지 않던 관계가 좋아지기도 했다. 실제로 행동에 옮기기 전까지 염려 속에서 고민할 때가 많다. 그때마다 '전화로 말할까?', '편지로 말을 걸어볼까? ' 오만 가지 생각에 잠도 제대로 못 자고, 밥맛까지 떨어졌다. 하지만 막상 행동에 옮겨보면 나의 염려보다 훨씬 수월하게 해결될 때가 많았다. 이것조차도 내가 잘나서, 원래 그런 사람이어서가 아니라, 연습해서 그렇게 된 거다. 두려움을 뛰어넘는 거다. 물론 지금도 완벽하지는 않다. 어떤 때는 여전히 머뭇거리고, 타이밍을 놓치기도 한다. 하지만 예전과 다른 건, 생각에 갇혀서 고민하지 않는다. 내 마음이 내 안에만 갇혀 있는 게 더 큰 고통이라는 걸 알게 됐으니까.

적극적으로 표현을 하게 되면서 달라진 게 있다. 사람들이 내 옆에 오래 남아주기를 기대하지 않는다. 굳이 함부로 인연을 맺으려고 애쓰지도 않는다. 잡아도 갈 사람은 끝내 간다는 걸 알기 때문이다. 모든 사람과 잘 지내길 원하지도 않는다. 이를테면, '오는 사람 막지 않고, 가는 사람 잡지 않는다.' 모든 사람에게 잘 보일 필요도 없다는 것도 알았다. 내가 우선해야 한다. 내가 있어야 남도 있다.

표현하는 것도, 자기 주도적이어야 한다. 나 자신을 먼저 사랑하는 마음도 생겼다. 예전에는 왜 이렇게 사소한 것 하나도 제대로 말하지 못했는지, 왜 그렇게 답답했는지, 자신을 원망했다. 지나고 보니 말하지 못했던 그 시간도 표현을 배우는 과정이었다.

표현한다는 것은 자신을 드러내는 일이다. 자신을 드러낸다는 것은 자기주장을 하는 것이기도 하다. 자기주장을 하는 사람만이 주도권을 잡을 기회가 있다. 어떤 경우가 됐든, 누구에게든 자신을 표현하지 못하고 우물쭈물하는 사이 모든 것은 순식간에 지나간다. 망설이는 사이에 기회가 날아갈 수 있다.

내가 모델 면접을 마치고 나오기 전에, 손을 들고 "저, 하고 싶은 말이 있습니다."라고 말했다. 면접관은 나에게 말할 기회를 주었는데, 이 면접을 준비하면서 절박했던 심정과 열정을 어필했다. 결과는 탈락이었지만, 최선을 다했다는 점에 후회가 없었다.

텔레비전 음악 오디션에서, 탈락자 부활전이 끝나고 최종 탈락자들이 무대를 빠져나갈 때였다. 그때, 갑자기 손을 드는 소녀가 있었다.

"저에게 한 번만 기회를 주세요."

"당신은 이번 참가자 중 가장 실력이 부족하고, 오늘도 최하점인데, 기회를 달라고요?"

"부족한 점은 열심히 연습해서 잘하겠습니다. 그러니까 저에게 다시 한번 기회를 주세요."

모두가 술렁거렸다. 그때, 심사 위원 중 한 사람이 외쳤다.

"저에게 마지막 '찬스' 카드가 있습니다. 이 카드를 저분에게 주겠습니다. 나는 저분의 용기를 사겠습니다."

청중의 우레와 같은 함성과 박수가 터져 나왔다.

숨지 않았을 때 길이 열린다

살다 보면, 삶이 버거워 포기하고 싶은 순간이 있다. 끝이 보이지 않는 절망 가운데 던져질 때도 있다. 그럴 때일수록 자신을 드러내야 한다. 절망을 딛고, 실패를 이겨내고, 고정관념과 편견을 이겨내면, 좌절에서 희망으로, 멈춤에서 회복으로, 죽음에서 생명으로 옮겨 갈 수 있다. 그런 사람이 세상의 중심에 설 수 있다.

나는 지금도 사람들 앞에 서고 싶다. 하지만 예전과 다른 하나는, 내 안의 불안과 두려움도 함께 말할 수 있다. 멋있어 보이려고 하지 않는다. 있는 그대로 가장 나다운, 가장 나답게, 나만이 할 수 있는 그것이 진정한 나의 모습이다.

표현을 잘하는 사람은 감정을 숨기지 않는다. 그들은 관계를 회복하고 세상을 향해 당당히 맞선다. 말 한마디로 흐름을 바꾸고, 진심을 전함으로써, 삶을 개척한다. 혹시 당신도 지금 무언가 말하지 못한 채 가슴에 묻고 있지 않은가? 사랑한다고, 고맙다고, 힘들다고, 잘 해보고 싶다고 말해도 된다. **표현하기로 마음먹는 그 순간부터, 당신의 삶은 분명히 달라진다.** 삶을 바꾸는 건 잘난 사람들만 하는 것이 아니다. 바로 표현하는 사람이다. 그 사람이 바로 당신이길 바란다. 오늘, 지금 여기서부터 작은 한마디로 당신의 새로운 이야기를 시작한다면, 그 한마디가 누군가의 삶을, 그리고 당신의 삶을 환하게 비출 것이다. 결국, 표현하는 사람이 삶을 바꾼다.

혹시, 가슴속에 묻어둔 말이 있나요? 지금 꺼내 보세요. 당신의 삶이 달라집니다.

06

지금, 당신의
첫 말을 시작하라

두려움은 말 앞에서 작아진다

인생이 달라지는 순간은 거창한 계획이나 대단한 계기로만 찾아오지 않는다. 아주 작은 첫 말 한마디에서 시작될 수 있다. 지금까지 속으로 묻어둔 생각이나 눌러온 감정, 말하고 싶었지만 입 밖에 내지 못했던 그 말을 꺼내는 순간, 관계가 달라지고, 삶의 방향이 바뀌고, 자신을 바라보는 시선마저 달라진다. 소통의 시작은 거창한 문장이 아니다. 누구의 것과도 닮지 않은, 자신만의 첫 말을 만들어 내는 것이다.

많은 경우에 사람들은 소통을 어렵게 생각한다. 언제, 어떻게, 무엇부터 말해야 할지 몰라 시작이 어렵다고 한다. 시간이 지나면 괜찮아질 거라 믿지만, 말하지 못한 마음은 결코 저절로 해소되지 않는다. 오히려 마음속에 깊이 쌓여, 관계를 멀어지게 하고 자신마저 외면하게 만든다. 지금이라도 늦지 않았다. 지금부터 당신의 첫 말을 시작해야 한다. 첫 말은 남을 위해서가 아니라, 나를 위해 해야 한다.

오랜 침묵 끝에 시작한 한마디가 상대를 위로하거나 기쁘게 만드는 순간도 있지만, 무엇보다 먼저는 자신을 위로하고, 자신을 기쁘게 해야 한다. 마음속에 담아둔 진심을 꺼내 보는 일. 그 자체가 자신을 인정하고 존중하는 시작이기 때문이다.

첫 말을 시작하기 위해서는 한 가지를 넘어야 한다. 완벽해지려는 마음이다. 많은 사람이 소통을 시작하기 어려운 이유는, 어떻게 하면 더 멋지고 적절하게 말할 수 있을까 고민하기 때문이다. 하지만 상대가 기다리는 건 미사여구가 아니다. 정교하게 계산된 말이 아니다. 오히려 있는 그대로의 진심이다. 아무 말도 하지 않는 것보다 더 낫다. 어색하고 서툴러도 마음을 담아 꺼내는 한마디가 중요하다.

무엇보다 중요한 것은, 그것이 나만의 첫 말이어야 한다는 점이다. 누군가의 사례를 흉내 내거나, 흔한 말을 빌려 쓰는 건 오래가지 못한다. 사람은 자신에게 솔직할 때 비로소 다른 사람과도 마주할 수 있다. 내가 정말로 하고 싶었던 말이 무엇이었는지 돌아봐야 한다. 오랫동안 참아온 서운함인지, 오래전부터 고마웠던 마음인지, 혹은 내 안의 꿈과 욕망인지. 이유를 찾았다면, 그것을 있는 그대로 꺼내는 것만으로 충분하다.

예를 들어, 무심한 가족에게 '이제는 나도 힘들다.'라고 말할 수 있다. 오랫동안 곁에 있어 준 사람에게는 '네가 있어서 다행이다.'라고 할 수도 있다. 늘 꿈만 꾸고 있던 일에 대해서는 이번엔 진짜 시작해 보려 한다고 선언할 수도 있다. 중요한 건 그것이 유려한 문장인지가 아니다. 그 말이 당신의 마음과 마주하고 있는가가 중요하다.

그래서, 첫 말은 대단하지 않아도 된다. 오히려 짧고 단순할수록 좋다. 복잡한 설명은 상대에게 부담을 주지만, 진심은 간단한 단어에도 담길 수 있다. 처음부터 모든 감정을 쏟아붓겠다고 애쓰지 않아도 된다. 작은 한 문장을 시작으로 차근차근 마음의 문을 열면 된다. 소통은 길게 이어져야지, 단번에 완성되는 것이 아니기 때문이다.

때로는 상대의 반응이 기대에 미치지 못할 수도 있다. 무심하게 받아들이거나, 어색하게 웃어넘길지도 모른다. 하지만 그건 그 사람의 문제이지, 당신의 용기가 잘못된 것은 아니다. 사람마다 준비된 시점이 다를 뿐이다. 중요한 건 당신이 먼저 용기 냈다는 사실이다. 상대가 아직 받아들이지 못하더라도, 그 말은 그 사람의 마음속 어딘가에 남아 언젠가 의미를 찾게 된다. 그러니 **내가 힘들게 시작했음에도 불구하고, 당신의 태도는 그 정도밖에 되지 않느냐고 따지지 마라. 중요한 건 상대의 태도가 아니라 나의 진심이다.** 그래서 첫 말을 하는 순간마다 자신에게 한 가지를 묻자. 이 말은 지금의 진실한 나의 마음인가?

주변의 시선이나 사회적 기대에 맞춰 꾸민 말이 아니라, 나 자신의 속마음을 담고 있는지 확인해야 한다. 그렇다면 그 말은 이미 충분한 가치가 있다.

소통을 시작하는 사람에게 가장 중요한 것은, 상대를 설득하거나 변하게 하는 것이 아니다. 상대가 어떻게 반응하든, 내가 나의 진심을 마주할 수 있다면 이미 절반은 성공이다. 그다음은 흐름을 따라가면 된다. 작은 첫 말이 길을 만들고, 그 길 위에서 서로가 더 자유롭게 오고 갈 수 있다.

말 없는 변화는 없다

기억해야 할 것은, 말하지 않는 한 아무것도 바뀌지 않는다는 사실이다. 내 안의 생각과 감정을 말하지 않으면 상대는 알 수 없다. 사람들은 종종 말하지 않아도 안다고 착각하지만, 실제로는 그만큼 서로를 잘 알지 못한다. 오해가 쌓이면 돌이킬 수 없는 틈이 벌어진다. 그 틈을 메우는 건 거창한 사과나 화해가 아니라, 단순한 첫 말 한마디다. '나는 아직 네가 좋다.', '나는 다시 시작하고 싶다.', '나는 너를 기다린다.' 이런 사소한 말이 관계를 다시 이어준다.

삶의 많은 순간에서 우리는 말하기를 미룬다. 아직 준비가 안 됐다고, 아직 상황이 안 좋다고, 아직 때가 이르다고. 하지만 준비가 끝나는 때란 오지 않는다. 어제 하지 못한 말이 오늘 더 쉬워지지도 않는다. 오히려 시간이 지나면 점점 더 어렵고, 더 힘들어진다. 그렇기에 표현은 미루는 게 아니라 바로 시작하는 것이다. 표현은 생물이다. 버려두면 변하기 쉽다. 처음이 어렵지, 그다음부터는 식은 죽 먹기다.

첫 말이 두려운 이유는 결과를 예상하기 때문이다. 하지만 모든 대화의 끝이 좋을 수는 없다. 때로는 실망하거나 상처받을 수도 있다. 하지만 아무 말도 하지 않은 채 남겨둔 상처보다, 실패하더라도 한 번 꺼내 본 말이 훨씬 더 훌륭하다. 표현하지 않으면 언젠가는 후회하게 된다. 하고 싶었던 말이 사라져 버리기 전에, 그 말이 아직 살아 있을 때 전해야 한다. 지금, 당신이 하고 싶은 그 한마디가 무엇이든, 그것이 당신을 당신답게 만든다. 표현은 관계를 회복하기 위해서만 필요한 게 아니다. 자신이 어떤 사람인지, 무엇을 중요하게 생각하는지, 어떻게 살아가고 싶은지를 스스로 확인하는 과정이기도 하다.

삶의 어느 순간에서든, 첫 말을 시작할 수 있다. 과거에 침묵했던 시간이 길어도, 마음의 문을 닫고 지낸 시간이 오래여도 괜찮다. 지금이 늦은 게 아니라, 지금이 적기다. 가장 중요한 건, 남의 문장이 아니라 당신만의 문장으로 시작하는 것이다. 지금, 이 순간에도 여전히 망설이고 있다면 더 이유를 찾지 말라. 이유는 이미 충분하다. 당신은 오래 기다려 왔고, 오래 준비해 왔다.

이제는 시작해야 할 때다. 그 누구의 언어도 아닌, 당신의 목소리로. 지금, 당신의 첫 말을 시작하라. 그것이 오늘 당신이 할 수 있는 가장 용기 있는 일이다. 그리고 언젠가 돌이켜보았을 때, 지금 그 말이 당신 인생의 전환점이었음을 깨닫게 될 것이다. 그것만으로 충분하다.

당신도 할 수 있습니다. 당신만의 첫 말을 시작하세요.

07

잘 산다는 건,
후회하지 않게 말하는 것

말할 수 있는 사람만이 자기 삶을 산다.

— 한나 아렌트 (Hannah Arendt)

많은 사람이 수없이 하는 질문이 있다. '어떻게 하면 잘 살 수 있을까?'라는 질문이다. 그 질문에 우리는 흔히 재산, 지위, 명예를 떠올린다. 과연 이러한 조건들이 우리를 행복하게 하는 조건의 전부일까? 정작 사람을 사람답게 하고, 삶을 가치 있게 하는 힘은 다른 데 있다. 그 힘은 의외로 단순하다. 그것은 다름 아닌 자신의 마음을 드러낼 줄 아는 것이다. 그런 사람이 결국 잘 산다. 자신을 드러낸다는 것은 단순히 말을 많이 한다는 뜻이 아니다. 말이 많은 사람은 많지만, 제대로 말하는 사람은 드물다. 대화를 주도하며 군더더기 없는 회술을 뽐내는 이들 가운데도, 마음을 정확하게 드러내지 못해 관계를 잃고 후회하는 경우를 많이 봐왔다.

말이란, 단순한 언어적 행위가 아니다. 자기 자신과 타인을 깊이 이해하고 존중한 결과로 드러나는 행위다. 다르게 말하면, 말이 서툰 사람은 결국 자신과 타인 모두에게 인정받지 못한다. 말하지 못하면 삶이 엉켜 버린다. 서운한 마음이나, 고마운 마음을 말하지 않으면 어느새 그것은 풀지 못하는 매듭이 되어 상처를 남긴다. 머릿속에서만 맴도는 말, 마음속에는 가득하지만 결국 꺼내지 못한 말이나 감정은 공허한 공백을 만든다. 삶이 비어 있다는 감정은 바로 그때 찾아온다.

반면 말로 자신을 드러내는 사람은 다르다. 그들은 삶 자체를 자기만의 언어로 다루고, 감정을 해소하며 산다. 삶의 작은 희망과 기쁨마저 언어로 바꾸어 타인과 나눈다. 그 나눔 속에서 관계가 만들어지는 기회가 온다.

말이 삶의 방향을 바꾼다

말은 자기 자신을 돌보는 기술이자, 타인을 존중하는 태도다. 잘 사는 사람들은 이 단순한 사실을 알고 있다. 삶을 잘 사는 데는 거창한 처세술보다 마음을 꺼내어 보이는 용기가 더 큰 자산이 된다는 것을 말이다. 말이란 어떤 특정한 재능이 아니다. 다만 주저하지 않는 것이다. 마음속에 떠오른 것을 굳이 감추거나 묻어두지 않는다. 좋으면 좋다고, 고마우면 고맙다고, 서운하면 서운하다고, 힘들면 힘들다고. 말해야 하는 것을 너무나 잘 알면서도 많은 이들은 여전히 어려워한다. 말하는 순간 불편해질까, 관계가 어색해질까 두려워 끝내 말하지 못하고 돌아서 버린다. 하지만 그런 회피야말로 관계를 불편하게 하고, 삶을 가난하게 만든다. 말로 자신을 드러내는 사람들은 알기 때문이다. 마음을 드러내는 것이 당장은 불편할 수 있어도 결국은 자신을 지키고, 관계를 회복하는 길이라는 것을. 서로 오해를 풀 기회도, 더 깊이 이해할 가능성도 모두 말에서 비롯된다는 것을 알고 있다.

말로 표현하지 않는 한, 누구도 당신이 무엇을 느끼는지 알 수 없고, 당신 역시 상대를 오롯이 알 수 없다. 말로 표현하는 사람은 자기 삶을 주도한다. 내가 원하는 것이 무엇인지, 무엇이 불편한지를 정확히 알기 때문이다. 말의 표현은 자신을 돌보는 힘이다. 자신을 무시하지 않고 존중하기 때문에 내 마음을 살펴서 꺼내놓을 수 있는 것이다. 그 태도가 삶을 바꾸어 놓는다. 자신을 돌볼 줄 아는 사람은 다른 사람에게 휘둘리지 않는다. 원치 않는 관계에 매달리지도, 상처를 끌어안고만 있지도 않다. 적절한 거리와 온도로 관계를 가꾸고, 원하는 길로 주저 없이 발을 옮긴다. 말로 자신의 내면을 표현할 줄 아는 사람은 이렇게 자기 삶의 방향을 선택한다. 그것이 잘사는 삶이다. 말하는 사람은 기회를 만든다. 타인과의 관계에서든, 일에서든. 자기 생각을 밝히고 마음을 드러내야 비로소 타인은 그 사람을 이해하고 기회를 줄 수 있다.

아무 말도 하지 않고 속으로만 생각하면 세상은 그 사람을 알아줄 수 없다. 일에서도 마찬가지다. 생각을 드러내는 사람, 아이디어를 나누는 사람에게 기회가 주어진다. 말로 자신의 내면을 드러내지 못하면 아무도 당신이 무엇을 원하는지 알지 못한다. 결국, 말은 관계를 만들고 기회를 만든다. 그것이 삶의 질을 결정한다.

말로 자신을 표현하는 사람은 후회하지 않는다. 모든 관계에서, 모든 선택에서. 결과가 어떻든 자신의 감정을 전달했고, 자기 생각을 말했다는 것만으로도 자신을 존중할 수 있다. 하지만, 끝내 표현하지 못한 사람은 평생 후회한다. '그때 말할걸.', '그때 고백할걸.', '그때 사과할걸.' 표현하지 못한 후회는 오래 남는다. 잘 산다는 건 후회를 최소화하는 것이다. 말로 자신을 드러내는 것은 그 시작이다.

저마다의 삶을 산다는 것

우리는 모두 저마다의 방법으로 하루를 산다. 하지만 삶이 끝나갈 즈음, 사람들이 가장 많이 남기는 말은 왜 그렇게 참고 살았을까다. 왜 더 고마움을 전하지 못했고, 왜 더 사랑한다고 말하지 못했고, 왜 더 하고 싶은 일을 말하지 못했는지. 그렇게 표현하지 못한 것들이 쌓여 한 사람의 삶을 결정한다. 표현하는 사람은 그 마지막 순간을 덜 후회하며 산다. 잘 산다는 건 결국 무엇인가. 더 많은 돈, 더 높은 지위, 더 크고 빠른 성취가 아니다. 자기 자신을 속이지 않고, 관계를 소중히 하고, 삶의 기쁨과 아픔을 솔직하게 나누며 사는 것. 표현하는 사람이 그 길에 더 가깝다. 자신의 진심을 드러낼 줄 알고, 상대의 진심을 듣는 사람. 말로써 엉킴을 풀고, 마음을 주고, 기회를 만들고, 사랑을 지키는 사람. 그런 사람이 결국 잘 산다. 삶은 짧고 관계는 유한하다. 표현하지 않으면 당신이 느낀 기쁨도, 사랑도, 서운함도 언젠가 흔적 없이 사라진다. 당신의 삶과 마음을 세상에 남기고 싶다면, 더 잘 살아가고 싶다면, 지금부터라도 마음을 꺼내라. 서툴고 투박하더라도 좋다. 누군가에게는 그 말이 더 잘 살게 하는 힘이 되고, 누군가에게는 관계를 이어주는 끈이 되고, 당신 자신에게는 삶을 지탱하는 뿌리가 된다.

표현하는 사람이 결국 잘 산다. 그 이유는 자신을 존중하고 타인과의 관계를 주도적으로 이끌 수 있기 때문이다. 감정을 억누르지 않고 건강하게 표현하는 사람은 마음의 짐을 덜고, 오해 없이 소통하며 신뢰를 쌓는다. **표현은 나를 드러내는 용기이자 타인을 이해하는 문이다.** 자신이 원하는 것을 정확히 말하고, 갈등을 회피하지 않고 풀어가는 힘은 결국 삶을 더 원만하게 만든다. 표현하는 사람은 기회 앞에서 망설이지 않고, 관계 앞에서 마음을 다한다. 그렇게 자신을 지켜내며 산다. 이것이 잘 사는 삶의 핵심 가치다. 이 진리를 믿고, 당신만의 언어로 세상에 마음을 남기면 어떨까? 그것이 오늘 당신이 할 수 있는 가장 값진 일이 될 수도 있다. 지금, 당신의 마음을, 세상을 향해 여는 일이 가장 잘사는 방법일 수 있다.

나는 내 마음을 필요한 만큼 말과 표현으로 꺼내고 있나요?

08

표현을 받아주는 것
또한 용기다

표현은 말하는 사람으로 완성되지 않는다.
듣는 사람이 있을 때 비로소 완성된다.

– 작자 미상

공감은 최고의 표현이다

흔히 소통을 말할 때 표현을 강조한다. 더 용기 내어 말하라고, 더 솔직히 드러내라고, 더 자주 나누라고 한다. 맞는 말이다. 표현하지 않으면 아무 일도 시작되지 않는다. 하지만 더 본질적인 질문이 있다.

누군가가 용기 내어 꺼낸 표현을 우리는 어떻게 받아주고 있는가? '썰렁해.'라며 핀잔을 주거나, '아재 개그' 한다며 비웃거나, '웃자고 한 말에, 죽자고 달려든다.' 분위기를 유순하게 하려고 시도했던 농담의 결과가 그렇게 되면 상처받는다. 그것이 트라우마가 될 수 있다. 표현은 혼자서 하는 것이 아니다, 두 사람 이상의 사이에서 완성된다. 받아주지 않는 표현은 공허하다. 표현을 받아주는 것 역시 표현하는 것 못지않게 중요하다.

우리는 모두 각자의 세계 속에 살고 있다. 하루에도 수없이 많은 사람과 스치며 접촉한다. 하지만 아무리 가까이 있어도 마음은 저마다 닫혀 있다. 이 마음을 열어주는 열쇠가 바로 소통을 위한 표현이다. 그리고 그 열쇠를 꽂아 돌리는 손이 바로 받아주는 마음이다. 누군가의 표현을 받아준다는 건, 결코 수동적인 행위가 아니다. 그것은 적극적인 의지다. **한 사람의 진심을 받아낼 준비를 하고, 그 마음을 이해하려 애쓰고, 때로는 위태로운 마음을 쏟아내더라도 품어낼 자세를 가지는 것이다.** 그것이야말로 가장 성숙한 형태의 표현이다. 많은 사람이 자신의 표현이 받아들여지지 않았던 경험이 있다. 솔직하게 고백했지만 무시당하거나, 용기 내어 사과했지만 외면당하거나, 속내를 털어놓았지만, 흘려듣는 것을 봤던 경험이 한두 번 있다. 그런 기억들이 다시는 표현하지 못하게 만든다. 그렇게 마음을 다치고 나면, 관계에 틈이 생기고, 마음이 굳어 버린다. 그래서 받아주는 사람의 태도가 너무나도 중요하다.

마음속에 있는 생각을 꺼낸다는 것은, 이미 용기를 낸 행동이다. 그 용기를 짓밟지 않고, 오히려 북돋워 주는 것이 관계를 이어 가는 가장 강력한 기술이다. 상대의 마음을 받아준다는 건 꼭 동의하거나 찬성한다는 뜻은 아니다. 그저 당신의 감정을 인정한다는 신호를 보내는 것이다. "그럴 수도 있겠다, 네가 그렇게 느낀다면 그럴 거야." 이 한마디로 마음의 문이 활짝 열린다. 누군가는 반박하려 하고, 정답만 말하려 한다. 하지만 그 어떤 정답보다 더 필요한 건 있는 그대로 들어 주는 것이다. 그것만으로도 사람은 자신이 존중받고 있다고 느낀다. 그리고 그 믿음 속에서 또 다른 표현을 할 수 있게 된다.

소통이란 결국 마음과 마음이 오가는 길이다. 말이 그 길을 만들고, 수용이 그 길을 넓힌다. 길이 넓어지면 더 많은 대화가 오고 갈 수 있고, 그 안에서 관계가 자라고, 삶의 감정이 풍요로워진다. 마음을 받아 주지 않는 관계는 언제나 좁고, 때로는 금세 끊어지고 만다. 누군가의 마음을 받아준다는 것은, 그 사람이 걸어온 길을 함께 걸어 주겠다는 뜻이다. 그 뜻을 알게 되면, 우리는 다시는 상대의 말과 표정을 가볍게 흘려보낼 수 없다. 그 안에 담긴 의미를 느낄 수 있다. 살다 보면 뜻밖의 말들이 마음을 찌를 때도 있다. 억울하게 느껴지고, 화가 나고, 도저히 받아들이기 힘든 순간도 있다.

하지만 그때조차도, 그 사람의 표현 속에 담긴 진짜 마음이 무엇인지를 헤아려야 한다. 화를 내는 사람도 사실은 외롭거나 불안하기 때문일 수 있다. 서운함을 토로하는 사람도 사실은 그만큼 애써왔기 때문일 수 있다. 받아주는 태도는 그 마음마저 읽어내는 것이다. 그것이 소통의 문을 닫지 않는 방법이다.

표현을 받아주는 사람 곁에는 늘 사람들이 모인다. 그들이 말하는 한마디가 따뜻하기 때문이 아니다.

그들이 가진 품이 넓기 때문이다. 누군가의 말이 거칠어도, 서툴러도, 눈에 띄게 틀려도, 그 마음을 보아 주는 사람이 있으므로 관계가 유지된다. 받아주는 것은 결국 나도 누군가의 표현에 기대어 살았다는 것을 아는 사람만이 할 수 있는 성숙한 선택이다. **우리가 지금 이렇게 살아 있는 것도 누군가가 우리의 서툰 표현을 외면하지 않았기 때문이다.** 누군가의 품 안에서, 그 표현이 자라 지금의 우리를 만들었기 때문이다.

끝에서 시작을 생각하다

이 책의 첫 장을 펼치며 나는 썼다. '표현만 바꿔도 인생이 풀린다.' 이 문장은 책을 덮는 지금도 여전히 유효하다. 하지만 지금, 이 마지막 꼭지를 적으며 덧붙이고 싶은 말은 표현을 받아주면 소통은 더 깊어진다는 것이다. 소통이 열린다는 것은, 길이 생긴다는 뜻이다. 소통이 깊어진다는 것은, 그 길 위에 나무가 자라고 꽃이 피어나는 것이다. 단순히 말이 오고 가는 것이 아니라, 그 속에서 신뢰와 공감이 피어난다. 길 위에 숲이 자라듯, 관계도 그렇게 자란다. 우리는 모두 말하고 싶어 한다. 누군가에게 이해받고 위로받고 싶어 한다. 그러나 더 중요한 건, 누군가의 말을 받아주는 사람으로 사는 것이다. 듣는 태도 하나로도, 표현을 수용하는 표정 하나로도, 우리는 누군가의 마음을 얻을 수 있다.

그런 마음이 모여 관계가 자라고, 세상이 조금 더 살만해진다. 삶은 매 순간 선택의 연속이다. 표현할 것인가, 아니면 감출 것인가. 받아줄 것인가, 아니면 외면할 것인가, 선택의 갈림길에서 우리는 흔들린다. 하지만 마지막까지 기억해야 한다. 받아주는 것도 표현이다. 그 표현하는 것이야말로 누군가의 마음을 살리는 가장 큰 힘이다.

이 책을 다 읽고 덮는 지금, 당신의 눈앞에도 누군가의 표현이 놓여 있을 것이다. 서툴고 투박하지만, 용기 낸 한마디, 그것을 받아주는 것으로 당신의 소통이 시작된다. 관계가 열리고, 삶이 조금씩 바뀐다. 이제 당신이 선택할 차례다. 표현을 건네는 사람도, 표현을 받아주는 사람도 결국은 한 사람의 마음을 지키기 위해 존재한다는 것을 기억하며. 받아주는 것이 얼마나 큰 사랑인지를 알게 된다면, 우리는 더 두려워하지 않고 마음을 열 수 있을 것이다. 표현이 바뀌면 소통이 열린다.

그리고, 표현을 받아주면, 그 소통은 더 깊어진다. 그 진실을 마음에 담아 당신의 길 위에 따뜻한 숲이 피어나길 바란다. 그것이 우리가 함께 살아가는 이유이자, 우리가 잘살아가는 방법이기 때문이다. 지금부터라도 표현을 받아주는 사람이 되자. 그 순간 당신의 소통도, 당신의 삶도 달라질 것이라고 나는 확신한다.

오늘의 표현 점검

표현을 받아줄 준비, 표현을 건넬 준비가 되셨나요? 이제 당신의 표현을 시작하세요.

화해 · 용서 · 정리 편

이 워크북은 갈등 앞에서 즉각 반응하기보다, 선택을 점검하도록 돕는 도구입니다. 각 단계를 따라가며 자신의 태도와 대처를 살펴보세요. 반복해서 활용할수록 관계를 해치지 않는 기준이 자연스럽게 자리 잡게 됩니다.

[1단계] 제시

갈등 이후, 나는 이런 선택을 하고 있지는 않나요? (✔ 체크)

옳고 그름을 분명히 한 뒤에야 마음을 연다. ☐

사과를 받아야만 관계를 회복할 수 있다고 믿는다. ☐

상처는 잊으려 하지만, 기준은 그대로 둔다. ☐

용서는 했다고 말하지만, 거리 조정은 하지 않는다. ☐

[2단계] 상대방의 반응

이 태도는 상대에게 이렇게 전달될 수 있습니다. (✔ 체크)

조건부 화해로 느껴진다. ☐

진짜 용서가 아니라 유예처럼 보인다. ☐

관계의 긴장은 여전히 남아 있다고 느낀다. ☐

다시 실수하면 끝이라는 압박을 느낀다. ☐

[3단계] 대처 방법

말을 늘리기보다, 화해와 용서의 구조를 다시 설계해 보세요. (✔ 실천)

옳고 그름을 분명히 한 뒤에야 마음을 연다.
→ 옳고 그름과 별개로, 관계의 지속 여부를 먼저 선택한다.

사과를 받아야만 관계를 회복할 수 있다고 믿는다.
→ 사과의 유무와 상관없이, 내 마음의 기준을 정리한다.

상처는 잊으려 하지만, 기준은 그대로 둔다.
→ 잊으려 애쓰기보다, 기억을 관리할 위치를 정한다.

용서는 했다고 말하지만, 거리 조정은 하지 않는다.
→ 용서 이후의 거리 · 역할 · 기대를 새롭게 조정한다.

기억할 문장

화해는 감정의 문제가 아니라 구조의 선택이고,
용서는 상대를 위한 결정이 아니라 나를 정리하는 방식입니다.

첫 책을
세상에 내보내며

한 권의 책이 세상에 나오기까지 참 오랜 시간이 걸렸습니다.

이 책은 단지 표현을 이야기하는 책이 아닙니다.

말을 바꾸는 것이 곧 사람을 바꾸고, 사람이 바뀌면 관계가 열리며, 관계가 열리면 삶이 새롭게 흐른다는 믿음으로 쓴 저의 고백이자 기록입니다.

나는 평생 사람들 앞에 서 있었습니다. 때로는 강단에서, 때로는 무대에서, 때로는 한 인간으로서 소통의 어려움 속에서 헤매던 시절도 있었습니다. 말을 전하는 직업을 가졌으면서도, 정작 가장 가까운 사람에게는 마음을 전하지 못했던 때가 있었습니다. 말보다 침묵이 편하다고 자신을 속이던 시절이 있었지요. 하지만 시간이 지나며 절실하게 알게 된 것은, 표현하지 않는 마음은 결국 멀어진다는 것, 말하지 않은 진심은 언젠가 오해로 굳어진다는 것입니다.

그 깨달음이 이 책을 쓰게 한 시작이었습니다.

표현은 단지 기술이 아니라 태도입니다. 관계는 단지 인연이 아니라 표현의 결과라는 것을 삶의 무수한 시간 속에서 배워왔습니다.

나는 강의 현장에서 수많은 사람을 만났습니다. 그들은 한결같이 말했습니다.

"표현이 서툴러서 상처를 줬어요."

"말하지 않아서 멀어졌어요."

"이제는 늦었을까요?"

그때마다 나는 대답했습니다.

"늦은 표현은 있어도, 헛된 표현은 없습니다."

말은 타이밍이 아니라 용기이며, 진심은 서툴러도 결국 닿는다는 것을 수많은 관계의 복원 속에서 확인했습니다.

이 책을 통해 전하고 싶은 메시지는 단 하나입니다. 표현은 사랑의 또 다른 이름이다. 가족에게, 동료에게, 친구에게, 그리고 나 자신에게 조금 더 따뜻하게, 조금 더 솔직하게, 조금 더 용기 내어 말을 걸어보라는 겁니다. 그 작은 표현 하나가 굳게 닫힌 마음의 문을 여는 열쇠가 될 수도 있으니까요.

나는 이 책을 쓰며 내 인생을 다시 돌아보았습니다.

효자손을 숨기던 아들의 눈빛, 그 침묵 속에 담긴 두려움과 상처를 떠올리며 나는 다시 배웠습니다. 진정한 아버지는 가르치는 사람이 아니라, 들어주고 표현할 줄 아는 사람이라는 것을. 그 깨달음이 이 책의 출발점이자, 내가 표현의 중요성을 온몸으로 전하고자 한 이유입니다.

이제 나는 독자 여러분께 부탁드리고 싶습니다.

이 책을 다 읽고 덮는 순간, 단 한 사람에게라도 따뜻한 말을 한마디 건네보시길 바랍니다.

"수고했어."

"괜찮아."

"고마워."

"사랑해."

그 짧은 말 한마디가 관계를 살리고, 삶을 바꾸는 씨앗이 될 것입니다.

말이 바뀌면 마음이 바뀌고, 마음이 바뀌면 관계가 열립니다.

관계가 열리면 결국 삶이 달라집니다. 그 변화의 시작이 거창한 결심이 아니라 '한마디의 표현'임을 이 책을 통해 증명해 보이고 싶었습니다.

이 책을 내며 나 스스로에게도 다짐합니다. 앞으로의 인생은 말로

꾸며진 인생이 아니라, 말로 이어지는 인생이 되리라. 표현으로 관계를 회복하고, 진심으로 사람을 잇는 삶을 살아가리라.

마지막으로, 이 책을 세상에 내기까지 곁에서 응원해 준 모든 이들에게 마음 깊이 감사드립니다.

가족과 제자들, 그리고 내 이야기를 귀 기울여 들어준 독자 여러분, 당신들의 존재가 내 표현의 원천이었습니다. 내가 쓴 문장이 누군가의 마음을 조금이라도 어루만질 수 있다면, 그것으로 충분합니다.

이 책이 누군가의 마음속에 말을 꺼내는 용기로 남길 바랍니다.

표현하지 못해 멀어진 관계가 있다면, 이 책이 다시 다가서는 첫걸음이 되기를 바랍니다.

그리고 무엇보다도 이 글을 읽는 당신이 자신의 마음을 숨기지 않고 표현하며 살아가기를 진심으로 소망합니다.

"표현이 바뀌면, 관계가 열립니다. 관계가 열리면, 인생이 달라집니다."

그 믿음으로 이 책을 세상에 내보냅니다.

이제, 당신의 이야기를 시작하십시오. 당신의 첫 말을 세상이 기다리고 있습니다.